우리가 만난 통일, 북조선 아이

우리가 만난
통일,
북조선 아이

마석훈 지음

필요
한책

서문

내 삶의 밑바닥에서 탈북청소년을 만났다.

분노와 욕망이 한창인 삼십대 초반에 경험한 바닥은 낯설고 추웠다. 빨리 추슬러 꽃피고 싶은 조급함으로, 누가 봐도 있어 보이고 '핫한' 주제라 시작한 일이었다. 성공 스토리의 한 부분으로 손색이 없어 보여 반전의 계기로 삼고자 뛰어들었다. 이런 일을 할 깜냥이 아니었음을 스스로 알고 있으면서도 말이다.

그들의 울음소리를 들었다. 눈물을 보았다. 그 슬픔 앞에서 내 사연은 부끄러웠다. 그들의 눈물이 나를 위로했고 나의 오지랖이 그들에게 위안이 되었다. 그게 좋아 그냥 같이 살았다. 본의 아니게 시작한 일이었는데 내년이면 벌써 20년이다. 둘러보니 이 현장에 남은 이들이 드물다. 나름 똑똑하고 자애롭고 원만하고 능력 있는 사람들은 다 떠났다. 정치권, 혹은 공직으로 스카웃되거나 지치고 아프고 사고 치거나 가족 챙기느라 떠났다. 제일 모나고 등 굽은 내가 아직까지 '숲'을 지키고 있는 걸 보면 인생 참 모를 일이다.

행복한 시간들이었다.

결혼은 못했지만, 아이들 키우는 재미가 쏠쏠했다. 머물던 아이들 모두 자랄 때 한 예쁜 짓, 사고 쳐서 징글징글한 모습 들이 눈에 선하다. 아빠가 되는 무게감도 맛봤다. 우리집 성남이 첫 출근하던 날, 옥경이 4수만에 간호사 시험에 합격한 날에는 나도 모르게 엉엉 울었다. 나 아닌 타인의 기쁨에 맘껏 울어 줄 수 있는 영광을 누렸다. 또한 '장군님' 보듯 존경하는 눈길들을 느낄 때면 그저 고마울 따름이다.

우리 사회에 탈북민이라는 존재가 있다는 건 행운이라고 생각한다.

많이 아팠고 지금도 아픈 그들에게는 미안하지만, 큰 고통을 겪은 존재가 주는 위로와 감동은 크다. 삶의 베이스가 무한히 낮기에, 산도 강도 다 스미는 바다처럼 넓은 존재들이다. 고통이란 삶의 가장 큰 신비다. 고통을 긍정할 때 깨우침은 깊어진다. 탈북민이란 존재를 통해 우리 사회는 한층 성숙해지는 계기를 마련할 수 있을 것이다. 물론 최근 난민에 대한 혐오를 보면 그 반대도 가능하다. 고통이란 '비밀의 문'은 해석하는 자의 선택이며 수준이며 몫이기 때문이다.

　남한과 북조선의 통일은 '찌질'했으면 좋겠다.
　잘사는 남한과 못사는 '북한'의 통일은 필연적으로 재난이 된다. 따라서 어느 한쪽을 주눅 들게 하고 이용하고자 하는 의도는 반드시 쫓아내야 한다. 남북의 통일은 서로를 존중하고 꼭 필요한 부분을 돕고 나누는 대등한 통일이길 소망한다. 못난 사람들이 만나면 서로 얼굴만 봐도 흥겨운 것처럼 남북의 통일은 허접하고 별 볼 일 없는 사람들이 중심이 되고 덕 보는 시골마을 축제 같은 통일이 되길 바란다. 최저임금도 더 오르고 난민도 더 받아들이는 계기가 되는 넉넉한 통일이 되었으면 정말 좋겠다.

　여기에 실린 글은 지난 20년 동안 썼다.
　손으로 쓰지 않았다. 몸으로 쓰고 삶으로 썼다. 쓰려고 쓴 게 아니라 너무 서럽고 답답해서 울음처럼 터져 나올 때 절로 쓰였다. 책 낼 생각은 감히 하지 못했다. 그래서 출판사의 연락이 왔을 때 당황했다. 요즘 접을 때가 된 게 아닌가 싶었는데, 더 하면 추해질 것 같다는 생각에 자주 머물렀는데 선물처럼 그 기회가 주어진 듯하다. 잘 마무리한다는 심정으로 흩어진 글들을 정리했다.

깨우침을 주고 스치며 도와준 모든 인연들에게 감사드린다. 밤 하늘 별처럼, 보이는 모든 별과 보이지 않는 별 다 고맙고 소중한 인연들이다. 주목하지 못해 미안할 뿐이다. 특별히 '가난'을 물려준 돌아가신 아버님께 고맙다는 말을 해본다. 가난했기에 다른 선택을 할 수 없었다. 멋모르고 뛰어든 그 한 선택이 어쩔 수 없이 내 길이 되었다.

다들 행복하시길!

-2018년 더운 여름, 감자처럼 자라는 혁명을 꿈꾸며

목차

05
통일의 자격 갖추기   241

*설명부는 되도록 표준어로 편집하였으나, 인물의 대사는 생동감을 살리기 위해 원고의 방언을 그대로 기재하였습니다. 북한말을 중심으로 자주 나오는 표현들은 본문 맨 뒤에 주석으로 실었습니다.

*본문에서 등장하는 인물들의 이름은 각자의 상황과 개인 프라이버시에 따라 가명과 실명이 섞여 있으나 별도로 구분, 표시하지는 않았습니다.

*본서는 환경 보호를 위해 재생용지를 사용하였습니다. 표지는 앙코르 210g, 본문은 그린라이트 80g입니다.

*본서에서 사용된 서체는 제주명조, KoPub돋움, KoPub바탕, KBIZ한마음명조, 문체부 쓰기 흘림, 문체부 궁체 흘림, 나눔한자왕, 스포카 한 산스, 경기천년바탕입니다.

만나고 가르치다:
하나둘학교
(2001)

하나둘학교는 통일부의 북한이탈주민 정착지원사무소 하나원 안에 만들어진 탈북

청소년 대안학교다. 탈북청소년들은 이곳에서 3달 정도 생활하면서 기초적인 학습과

남한 사회를 간접 체험하는 수업을 받는다. 2001년 설립 당시는 민간 자원봉사자들

이 주축이 되어 만들어졌으나, 이후 교육부에서 교사가 파견되는 방식으로 재개교하

였다.

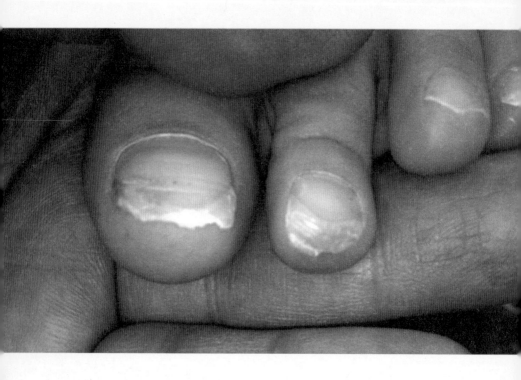

편하고 기뻤을 때보다 땅이 꺼지는 아픔을 떠올리면서 ·
살게 된다.
그것도 견디고 살았는데 싫어 살 수 있을 것 같다.
절망의 가지 끝에서 희망의 꽃이 피듯이 그렇게.

시작하는
인연

국민학교 3학년 때로 기억한다.

전두환이 체육관 선거를 하면서 전 국민에게 국민투표에 참여하라고 다그칠 때였다. 학교에서 전교생에게 의무적으로 선거 참여를 독려하는 포스터를 한 점씩 내라고 해서 미술 시간에 그림을 그렸다. 그때 그린 그림이 지금도 뚜렷하게 머릿속에 남아있다. 한반도 지도와 투표함을 가운데 두고, 남북으로 커다란 손 두 개가 악수하는 장면이다. 남쪽에서 올라간 손에는 '전두환'이라고 썼고, 북쪽에서 내려온 손에는 '김정일'이라고 썼다. 한반도 지도와 투표함 주위에는 예의 그 비둘기가 날고, 월계수 잎이 둘러져 있고…. 포스터 아래 굵은 글씨로 쓴 표어는 '국민투표 참여하여 조국통일 이룩하자'였다.

의기양양하게 포스터를 제출했다. 그런데 내 그림을 본 미술선생님 눈이 휘둥그레 놀라는 것이다.

"야가 미친나, 이기 뭐꼬?"

"숙젠데예."

"그런데, 와 우리는 전두환인데 자들은 김정일이고, 김일성 해야지?"

"전두환은 박정희 밑이니까, 똑같이 맞출라만 김정일 해야지예."

두 시간 넘게 힘들게 그린 그림이 내 눈앞에서 갈기갈기 찢어졌다. 나는 "엉엉" 울면서 교무실로 끌려가서는 온종일 손들고 서 있었다. 지나가는 선생님들에게 한 대씩 다 쥐어 박히면서도, 도무지 뭘 잘못했는지도 알 수가 없었다.

요즘 가만히 그때 일을 떠올려보면 스스로 대견스러움을 느끼며 뿌듯해진다. 무시무시했던 시절, 그 어린 나이에 남북 권력 구조의 핵심을 간파해낸 식견이 참으로 놀랍고 신기하다.

하지만 그 사건으로 인해 나의 두뇌 속에는 어쩔 수 없이 '반공주의 회로판'이 깔려 버렸다. '북한'과 관련한 어떤 일이든 조건반사적으로 긴장하게 되었고 본능적인 두려움에 움추려야 했다. 어린 시절 '북한'은 철저한 금기의 대상이었으며, 알 수 없는 두려움의 세계 그 자체였다.

경북대학교 재학 시절, 학생운동에 심취했던 나는 NLNational Liberty도 PDPeople's Democracy도 아니었다. 민중신학에 기반을 둔 기독학생운동 KSCF·SCA·YMCA이 내 정치적 생명의 자양분이었다. 하지만 NL과 PD의 양대 주류로 대변되는 학생운동에서, '민중의 아편'인 종교의 이름으로 시민운동적 방법을 주장하는 우리 조직은 좀 덜 떨어지고 한심한 '개량주의자' 취급을 받았다. 뿐만 아니라 같은 대학 캠퍼스에서 기독교 학생운동을 펼

치는 보수 신앙의 기독교 학생운동 단체들IVF·UBF·CCC·SFC 사이에서는 이단으로 낙인찍혔다. 하지만 이리저리 '왕따' 당하는 속에서도 정의가 강물처럼 흘러넘치는, '이 땅에서 이룩되는 하느님 나라'를 꿈꾸며 경제정의실천, 환경운동, 공명선거운동을 열심히 펼쳐나갔다.

　1995년 가을, 북조선의 참담한 기아 소식을 접하고 굶주리는 북녘 동포들을 위한 '쌀 보내기 운동'을 시작하기로 결심했다. 그러나 교내의 수많은 학생운동 조직들에게 동참을 호소했으나 모두들 외면했다. 학생운동 그룹들은 개량주의자들과 함께 할 수 없다는 이유였고, 기독교 조직들은 이단과 함께 할 수 없다는 논리였다. 참담한 기분이었다. 선한 일을 하는데도 '출신 성분'을 따지는 풍토에 실망하면서도 외롭게 모금운동을 벌여나갔다.

　그러던 중 같이 연대하겠다는 조직이 생겼다. 기독교계에서 이단 취급을 받는 정명석 교주의 JMS 학생 조직인 BOB였다. 한동안 고민에 빠졌다. 보수 교단도 문제였지만, 이단 조직의 심각성을 모르는 바가 아니었기에 그 의도를 의심하지 않을 수 없었다. 하지만 '선한 일을 하는데 그러한 구분이 꼭 필요한 것일까?' 하는 의문이 머릿속에서 떠나지 않았다. 왠지 비슷한 처지라는 동질감도 느껴져 모질게 뿌리칠 수도 없었다.

　갈등 속에서 『성경』을 펴는데, 신기하게도 맨 처음 나오는 구절에서 선한 사마리아인의 비유가 보이는 것이다. 하느님은 가끔 이런 식으로 어리석은 나를 시험에 들게 한다. 그것도 엄청 어려운 시험만 골라서!

그러나 율법교사는 짐짓 제가 옳다는 것을 드러내려고 "그러면 누가 저의 이웃입니까?" 하고 물었다.

예수께서는 이렇게 말씀하셨다. "어떤 사람이 예루살렘에서 예리고로 내려가다가 강도들을 만났다. 강도들은 그 사람이 가진 것을 모조리 빼앗고 마구 두들겨서 반쯤 죽여놓고 갔다. 마침 한 사제가 바로 그 길로 내려가다가 그 사람을 보고는 피해서 지나가 버렸다. 또 레위 사람도 거기까지 왔다가 그 사람을 보고 피해서 지나가 버렸다. 그런데 길을 가던 어떤 사마리아 사람은 그의 옆을 지나다가 그를 보고는 가엾은 마음이 들어 가까이 가서 상처에 기름과 포도주를 붓고 싸매어 주고는 자기 나귀에 태워 여관으로 데려가서 간호해 주었다. 다음날 자기 주머니에서 돈 두 데나리온을 꺼내어 여관 주인에게 주면서 '저 사람을 잘 돌보아 주시오. 비용이 더 들면 돌아오는 길에 갚아드리겠소' 하며 부탁하고 떠났다. 자, 그러면 이 세 사람 중에서 강도를 만난 사람의 이웃이 되어준 사람은 누구였다고 생각하느냐?"

율법교사가 "그 사람에게 사랑을 베푼 사람입니다" 하고 대답하자 예수께서는 "너도 가서 그렇게 하여라" 하고 말씀하셨다.

-『공동번역 성서』루가의 복음서 10장 29.~37.

당시 상황에서 이단이라 비난받던 사마리아인이 강도 만난 사람의 진정한 이웃이란 성경 말씀에, 나는 더 이상 조금도 주저함 없이 BOB와 함께 모금운동을 벌였고, 작은 성금이나마 모아서 북조선으로 보냈다.

그런데 걱정하던 일이 터졌다. 이 사실이 알려지면서 기독교계의 압력에 부담을 느낀 YMCA 대구시 연맹이 징계위원회를 열었다. 주모자인 나는 선배들이 모두 모인 자리에서 잘못을 추궁 받고   겨났다. 말로만 듣던 '조직의 쓴맛'을 본 것이다.

물론 지금도 선한 일은 선한 조직의 사람과만 해야 한다고 생각하지는 않는다. 다만 그런 '판단'과 '처신'이 사회운동을 하는 '정치' 조직에서 얼마나 중요한지 이제는 이해할 수 있기에, 당시 날 내치던 선배들의 입장을 이해한다. 참 순진하고 어설프고 성령만 충만한 시기에 겪은 모진 시련이었다.

대학을 졸업하고는 바로 대구 경실련에 계시던 양희창 선생님을 만나 "저 뭘 할까요?" 하고 여쭤보았더니, 대구환경운동연합에 가서 일하라고 하셨다. 개량주의(?) 시민운동단체에 들어간다는 사실이 좀 꺼림칙했지만, 그래도 개량 운동도 운동은 운동이니 막 사는 것보다는 낫다는 생각으로 들어갔다. 거기서 4년 동안 열심히 일했다.

주로 1회용품과 관련해 쇼핑봉투보증금제도를 확산시키는 일에 매달려, 난생 처음 환경부장관 표창장도 받아봤다. 환경 축제 벌이는 일도 맡았는데, 대구의 가장 번화가인 동성로 4차선 도로 위에서 24시간 동안 '지구의 날-차 없는 거리' 행사를 진행했다. 그때 차 없는 도로에 발을 내딛으며 어색해하면서도 좋아하던 시민들의 표정이 아직도 눈에 선하다. 서울의 마로니에 공원에서 환경의 날 축제도 열었다.

일상적인 업무는 주로 시민들의 제보 전화를 받고 현장에 가서 조사하는 일이었다. 대구 경북 곳곳을 누비며 우리 땅의 상처받은 모습들과 그곳에 기대어 살아가는 애달픈 민중의 삶을 느끼는 소중한 시간이었다.

그런데 시민운동 간사幹事 생활 3년째 되는 무렵부터 마음 속 깊은 곳에서부터 갑갑함을 느꼈다. '쓰레기 문제 해결을 위한 시민운동협의회' 일을 하면서 알게 된 한국의 대표적 환경운동가인 최열 총장 때문이었다.

최열 총장은 어디 강연을 가면 만날 하는 소리가 1회용품 안 쓰려고 젓가락 들고 다니는 얘기와 물 두 바가지만으로 샤워하는 얘기다. 철저한 생활 속에서의 실천을 강조하는 사례들이다. 그런데 그 강연을 마치고 나오면 항상 운전기사가 딸린 자가용이 대기하고 있는 것이었다. 또 모임 후 결재할 때 보면 "난 (골드카드보다 높은) 다이아몬드 카드야" 하며 뽐내기도 했다. 사외이사 문제로 시끄러운 적도 있었다. 또한 시민운동을 하면서도 여느 정치인 못지않은 권력을 지니고 휘두르는 모습을 적잖이 발견할 수 있었다.

내 고민의 본질은 그의 논리를 넘어설 논리가 조직 내부는 물론 내게도 없다는 점이었다. 최열 총장은 후배들의 지적에 대해 '떳떳이' 이야기했다.

"…내 사명은 많은 곳에 환경적 메시지를 전하는 것이다… 지하철 타고도 그럴 수도 있지만 승용차로 이동하는 것이 훨씬 빠르고 효율적이다… 정치적이지 않고서 운동이 되는가?"

결코 틀린 얘기는 아니다. 그것이 한국 시민운동의 현실이고 한계였다. 국민과 활동가들의 수준도 꼭 그만큼이었다. 나름대로 최열 총장은 그 시대적 가치를 누구보다 충실히 살아낸 인물인 셈이다. 그 속에서 나도 자꾸만 그 모습을 닮아갔다. '1회용품 줄이기' 강연을 다니면서 햄버거를 먹으며 차를 몰고 다녔다. 시민운동 조직 내의 권력 암투와 음모론에 익숙해졌다. 당시 정치권에서는 '젊은 피'에 대한 바람이 불었는데, 내게도 공천 한 자리 오지 않겠나 싶어 목을 빼곤 했다.

그러다 잘렸다. 중앙 조직의 국장 자리를 차지하려고 어설프게 깝죽거리다가 '팽' 당하고 쫓겨났다.

그제야 내가 서있는 자리가 환히 보였다. 부끄러웠다. 인터뷰나 강연 때마다 "쓰레기 중 제일 더러운 쓰레기가 바로 인간 쓰레기입니다"라고 떠벌이고 다녔는데, 정작 그게 나 자신을 향한 소리인 줄을 몰랐던 것이다.

운동도 역사도 성숙해져야 할 의무가 있다. 생태적인 인간이 생태적인 메시지를 전하고, 삶이 운동이 되고, 투쟁이 사랑으로 이어져야만 한다. 그러지 못하고 어느 한 곳에 머문다면 그것은 똑같은 죽음이요 썩음이요 쓰레기일 뿐이다. 살아있다는 것은 결코 어느 곳에도 머물지 않는다는 것이다. 뒤늦은 후회와 함께 찾아온 낯선 깨우침들 속에서 참담한 후회의 시간을 보냈다.

두어 달 방황하다가 제천간디학교 교장선생님이 된 양희창 선생님께 다시 찾아갔다. "전도사님, 저 뭘 할까요?" 하고 여쭈어 보았다. 그날이 마침 남북문화통합연구회의 정병호 교수님이 하나원에 탈북청소년을 위한 학교를 준비한다고 간디학교에 교사를 구하러 온 날이었다. 그런데 양선생님이 대뜸 나를 데려가라고 하시는 것이다. 나로선 내심 간디학교에 머물고 싶었는데, '떠다 넘기는' 모습에 적잖이 섭섭하고 당혹스러웠지만, 찍소리 못하고 따랐다.

눈이 온 다음날, 하얀 눈을 헤집고 찾아간 곳은 말로만 듣던 하나원이었다. 북조선 아이들과의 인연은 그렇게 시작되었다.

하나원과
하나둘학교

경기도 안성, 굽이굽이 좁은 도로를 돌고 돌아 시골 외딴 골짝에 거대하고 웅장한 붉은 벽돌 건물이 자리잡고 있다. 육중한 철문은 굳게 잠겨 있고, 험한 인상의 전투경찰들이 총을 들고 서 있다. 출입 절차를 받는데, 이곳에서 보고 들은 사실에 대해 비밀 엄수를 하겠다는 서명을 요구했다. 국가보안시설이라는 것이다.

안에서 둘러보니 곳곳에 자리잡은 철조망과 감시탑이 마치 감옥 같다. 탈북민이 거주하는 생활관 건물도 곳곳에 CCTV가 설치된 원형감옥 Panopticon 형태다.

국내에 입국해 정부합동신문센터, 즉 대성공사에서 조사를 마친 탈북민들은 이곳에서 3달간 정착교육을 받는다. 성인들은 자체 교육을 받고 청소년은 내부의 하나둘학교에서, 어린이들은 인근의 삼죽초등학교에 위탁교육을 진행한다.

분위기는 꽤나 살벌하지만, 오랜 탈북 과정에서 몸과 마음이 성치 못한 탈북민들은 이곳에서 처음으로 평온을 경험한다. 지난 시간의 고생과 새로운 남한 생활에 대한 기대로 몹시 들뜬 표정이다. 해서 탈북민에게 하나원의 푸른 소나무 언덕은 제2의 고향이자 친정 같은 곳이라고 한다.

하나원 동산을 거니는데 이중 철문이 열리면서 큰 버스 두 대가 들어왔다. 새로운 기수다. 어린 아이가 차에서 내리자마자 내가 있던 곳으로 와서 진돗개에게 다가선다. 그리고 나에게 묻는다.

"이거 맛남까?"

"…먹는 거 아니다."

개랑 악수시켜줬다. 좋아하더니 옆의 닭장에 가서 병아리와 공작을 본다. 자기가 공작을 안다고 자랑한다. 저쪽에 강아지도 있다고 했더니 눈이 동그래지며 어디냐고 묻는다. 곧이어 입소식이 시작되기에 나중에 같이 보자고 달랬다. 개새끼처럼 통통하고 귀엽게 생긴 놈이다. 70여 명의 새로운 기수 사람들 속에 청소년 반 대상자들이 적잖이 눈에 띄었다. 이제 저들과 씨름하며 3달을 보내게 된다. 기대됐다.

토요일 오전에 하나둘학교 청소년반은 오리엔테이션을 위해 다 모였다. 아이들과 선생님들이 한 방 가득 찼다. 이번 기수는 총 14명이었다.

첫 인사를 하러 들어가 학교 소개, 시간표, 생활과 규율에 대해 얘기했다.

"우리 학교는 특별해. 수업은 이러 이런데 듣기 싫음 빠질 수 있어. 한 주에 세 번은 기본 권리야. 그래도 개근하면 상 준다. 영상 수업실 스피커 빵빵하니까 음악 마음껏 즐기고 놀아. 현장학습은 참 재밌을 거야. 우리 선생님들은 절대 때리지 않을 거야. 니들도 믿음 지키자. 이곳에서 편히 쉬고 행복하길 바래…."

눈들이 초롱초롱했다. 굳은 얼굴 사이로 웃음이 삐죽삐죽 나온다.

짜식들 좋은갑다. 하기사 우리나라에도 이런 학교가 어딨노?

첫 수업 시간에 수업하러 교실로 들어서면, 아이들 모두 굳은 표정으로 벌떡 일어나서 90도로 깍듯이 인사한다. 북조선 교육이 몸에 배어서다. 좀 민망하지만 그래도 기분은 참 좋다. 내가 대단히 존경받는 것 같은 착각이 든다. 좀 아쉽지만, 다음부터는 앉아서 인사해도 된다고 얘기해준다. 인사하기 싫으면 안 해도 된다고도 알려준다. 놀란 눈으로 고개를 두리번거린다. 매 기수마다 겪는 일이지만, 그 표정들이 참 귀엽다.

"애들아, 이곳이 왜 하나둘학교인 줄 아니?"

저마다 자기가 안다고 한 마디씩 한다. 남한에서 열심히 배워 '하나둘 하나둘' 하며 정착 잘하라고 하나둘학교란다. 북조선과 남조선이 한민족이니까 하나둘학교란다. 또 '두' 개 나라가 통일이 되어 '하나'가 되라고 하나둘학교란다.

"그럼 하나학교라고 해야지, 왜 둘 자가 들어갔을까? 하나원, 하나교회, 하나매점, 하나식당, 여긴 다 하나인데 왜 우리 학교만 둘이지?"

헷갈리는 표정이다. 당연히 모르지! 여기서 일하는 통일부 공무원들도 잘 모르는데. 사실 예전부터 공무원들은 은근히 '하나학교'로 하라는 압력이 많았다.

"우리 선생님들은 여러분들이 남한 사람과 똑같은 사람들이 되길 바라지 않아요. 통일이 되어도 남한의 말 북조선의 말, 남북의 다양한 삶의 모습들이 조화롭게 어울리며 살았으면 하고 바래요. 여러분들이 이곳 남한에서 각자 개성을 가지고 자기 삶을 만들어 가길 바라기 때문이에요. 그래서 통일 하나, 통일 둘, 통일 셋, 통일 넷 다섯 여섯, 통일이 우리 팔천만 조선민족 숫자만큼 많았으면 하는 마음에서 지은 이름입니다."

뭔 소린지 아리송하면서도 대충 분위기는 파악한 눈치다. 한 마디로 '웃기는' 학교라고! 굳은 표정 사이로 웃음들이 피식피식 새어나온다. 요 마음때가 제일 예쁠 때다. 조금 긴장하고 억지로라도 예의 바르고. 내일부터는 엄청난 '꼴통'들이 되겠지만.

아이들이
보고 있다

아이들은 나를 본다. 무슨 일을 해도, 어디를 가도 나를 본다. 그냥 보여서 보는 게 아니라 유심히 지켜본다. 어느 쪽으로 고갤 돌려도 항상 아이들 눈길과 마주친다. 영화를 볼 때도 내가 웃는 걸 힐끔힐끔 보면서 따라 웃는다. 내가 흥분하면 다들 같이 열 낸다. 아마 아이들에게는 내가 첫 남한 사람이라 그런 것 같다. 낯선 삶의 기준 같은 것이리라. 물론 외무부 공무원도, 비행기 스튜어디스도, 대성공사의 국정원 직원도 봤겠지만 한 사람을 유심히 지켜볼 수 있는 여유를 가지고 보기는 처음일 것이다. 그 눈길들이 길게 느껴진다.

내가 뭔 옷을 입어도 화제가 된다. 항상 주목한다. 맨날 입는 허름한 면바지에 긴 팔 남방인데도, 팔이라도 한 번 걷어붙이면 난리가 난다. 어쩌다 쟈켓이라도 걸치면 다들 "우와" 한다. 수업 중에도 내내 옷만 본다. 머리라도 깍을라 치면 다들 한 번씩 와서 때리며 관심을 보인다.

그리고 무슨 말만해도 "와아" 하고 웃는다. 내 경상도 사투리가 이곳 하나원 와서 더 억세졌다. 목소리도 커지고 오버액션도 심해졌다. 남한 사람이라면 다들 서울말만 쓰는 줄 알았는데, 함경도만큼이나 억센 경상도 사투리를 '당당하게' 쓰는 모습을 보니 신기하면서도 자신감이 생기는가보다.

"와카노 뭐라케산노 쥑이뿐데이 묻디야 가시나야 찌라 시껍다 치아뿌라" 하면 다들 낄낄거리며 한마디씩 따라한다.

"마쌤아, 시껍다"

"오늘 수업 치아뿌자."

"까불믄 죽는데이."

"투돌이 와카노, 삐쪘는갑다."

아이들은 뭐든 자꾸 묻는다. 월급이 얼마냐, 왜 서른이 넘었는데도 장가를 못 갔냐, 하나원은 왜 왔냐, 언제까지 있을 거냐, 숨겨둔 색시 있냐, 집에 돈 많냐, 무슨 대학 나왔냐, 화장품 뭐 쓰냐, 싸움 잘하냐, 포경 수술했냐, 핸드폰 얼마짜리냐, 전지현이 고우냐 고소영이 고우냐 등등 끝도 없는 질문들이 이어진다. 수업 내내 질문만 받아도 한 시간이 뚝딱이다. 교재도 수업 준비도 별 소용없다. 영어 사회 과학 수학 등 무슨 수업도 결국은 질문 시간이 되곤 한다. 내가 걸어 다니는 교과서다. 게다가 무슨 대답을 해줘도 반응들이 뜨겁다.

그래서 이곳 선생님들은 다 왕자병, 공주병에 걸린다. 뭐든 다 알고 뭐든 다 해줄 수 있는 존재로 극진히 대접받는데 당연한 것 아닌가! 사실 이곳에 자원교사로 오는 사람들은 세상 기준으로는 실패한 소위 '떨거지'들이다. 나부터 가진 것 쥐뿔도 없는 '하류인생' 아닌가. 그런데도 아이들은 엄청 사랑하고 존경해준다. 평생 못 받던 관심과 인정을 여기서 다 맛본다. 처음이란 게 이토록 엄청날 줄이야! 뿌듯하면서도 책임감이 느껴진다.

물론 나도 처음 하나원에 와서 북조선 아이들을 만났을 때는 북조선 아이들이 나를 볼 때처럼 긴장했다. 상처 많은 아이들을 사랑으로 품어 주리란 생각에 이래도 '허허', 저래도 '하하'였다. 또 한동안은 아이들의 억센 함경도 사투리가 잘 들리지 않아서 그냥 모나리자처럼 우아하게 웃고만 다녔더니, 초등반 녀석 하나가 내가 맨날 '싱글벙글'하다고 해서 '싱글벙글쌤'이 되었다.

그러다가 하루는 원래 별명이 감자라 했더니, "아, 투돌"이라고 한다. 감자가 중국말로는 '투돌土豆[tǔdòu]'이란다. 그런데 투돌이라니까 꼭 돌石이 두 개Two 같고, 쌍방울도 연상되고, 무식하고 머리가 나쁜 사람 같이 느껴져 싫다고, 다시 '싱글벙글쌤' 해달라고 했더니, "새끄랍습다, 그냥 투돌쌤 하기쇼" 한다.

아이들과 좀 지내보니 장난이 아니다. 늘 전쟁이다. 도저히 '싱글벙글' 할 수 없는 상황이 생긴다. 점차 화도 내고 잔소리를 해대니까, 요놈들이 "선생이 어찌 맨날 투덜거리요?" 해서 '투덜쌤'이 되었고, 더 심하게 잔소리를 하니까 아예 '쌤'자도 빼먹고는 '투덜이', '삐돌이' 한다.

하나원을 퇴소한 아이들과 만나다보면 어떤 놈은 무슨 선생이 애들 담배나 사주고 같이 PC방이나 간다고 나 같은 건 선생 아니란다. 그러니 '마형' 하잔다. 그래라 싶어 놔뒀는데, 이제는 아예 노골적으로 이름만 부른다. 「스타크래프트」를 하는데도 저희들끼리 편을 짜고는 "마서쿠이도 어디 낑가줘라. 컴퓨터랑 붙여주면 되지" 하는 것이다.

체통이 안 서지만, 내가 서울레서 딱히 별로 놀 친구도 없고 돈도 없기에 그냥 아이들과 자주 어울린다. 애들도 그걸 아는지 잘 '낑가'주고 놀아준다. 그래도 애들이랑 노는 게 제일 재밌다.

하나원에서 울려 퍼진
북조선 노래

자원교사들은 생활관 4층 교사방에서 지내는데, 매일 아침 짜증나는 일이 교육생들이 틀어놓는 음악 소리다. 어디서 구했는지 고성능 카세트를 가지고 다른 사람들이 듣도록 스피커 방향도 창문 쪽으로 해놓고 최고 높은 볼륨으로 매일 아침 틀어댄다. 우리가 들어올 때부터 줄곧 들었으니까 하나원의 아침 풍습으로 굳어진 듯하다. 누구인지는 몰라도 제만에는 전체 교육생들을 위한 서비스 차원으로 하는 일 같지만 함께 생활하는 우리 남한 원주민들은 괴롭다. 조용한 아침의 은은한 클래식도, 최식 인기가요도 아니고 한물간 유행가나 신바람 이박사풍의 노래로 잠을 깨야 하는 게 여간 스트레스가 아니다. 오로지 대중가요만 튼다. 주현미, 설운도, 현철, 나훈아나 유원지 멜로디를 너무 좋아한다. 그런 게 원래 조선 민족 정서에 딱 맞는가 보다.

견디다 못해 보복하는 마음으로 아침에 하나둘학교 수업실 문을 활짝 열어두고 북조선 노래를 크게 틀었다. 북조선 가수들이 직접 부른 노래들이 담긴 테이프다. 조금 걱정은 됐지만 왠지 저질러보고 싶었다. 그런데 잠시 후 어른 아이 할 것 없이 탈북민 교육생들이 하나둘씩 모여들기 시작한 것이다.

♪ 휘파람, 녀성은 꽃이라네, 김치 깍두기, 축복하노라…… ♬
                    −리경숙, 전혜영, 조금화, 리분희, 김광숙

마치 그림 동화의 『피리 부는 사나이』처럼 노래 소리에 넋이 나간 표정으로, 들어도 되는지 걱정스러운 얼굴로, 입술을 덜덜 떨면서 수십 명이 모여들었다.

"히야, 이거 조선 노래 아이간."

"전혜영이가 부르누만!"

두 귀를 쫑긋 세우고 눈물이 그렁그렁 맺힌 눈으로 노래를 듣는다. 그리움이 얼마나 깊었을까. 고향의 부모 형제 친구들이 다 떠오르겠지!

'남한도 북한도 하나라 한민족'이라면서, 이곳 하나원에서 가르치는 것은 죄다 남한 것들이다. 일방적인 적응을 위한 교육, 남한으로의 하나되는 통일, 흡수통일 교육이다. 남북이 통일되는 방식에서 그것 이외의 방식은 상상조차 하지 못한다.

괜시리 반발심이 생겨 앞뒤 생각 없이 저질러 봤는데 히트쳤다. 테이프를 빌려달라고 난리다.

그후 신기한 일이 생겼다. 아침에 전과 다른 생소한 노래가 울려퍼지는 것이다. 북조선 노래다. 내가 튼 노래 테이프가 그 탈북자 DJ의 손에 들어간 모양이다.

　나야 기분 좋지만 이곳에서 북조선 노래를 듣는 탈북민들의 심정은 어떨까? 만감이 교차하리라. 덕분에 뿌듯하게 늦잠을 잘 수 있었다.

이름
이야기

북조선에서 쓰는 이름을 보면 재밌다.

남자아이들은 죄다 '철' 아니면 '혁'이다.

인철이, 지철이, 강철이, 영철이, 순철이, 정철이, 만철이, 국철이, 철이….

수혁이, 영혁이, 민혁이, 인혁이, 혁성이, 광혁이, 혁이….

둘 다 들어가는 혁철이도 엄청 많다. 최혁철, 김혁철, 이혁철, 강혁철….

때문에 같은 이름의 아이들을 구별하기 위해 '13기 혁철이', '19기 혁철이'라고 해야 구분이 간다. 같은 하나원 기수에 같은 이름을 쓰는 경우에는 어쩔 수 없이 편법을 가한다. 큰 정철이·작은 정철이, 사고 치는 영철이·착한 영철이, 얌전한 순철이·까불이 순철이….

여자아이들은 좀 덜하다. '영, 숙, 옥, 화, 란' 등이 많지만, 그래도 남자들에 비해서는 다양하다.

의외로 어여쁜 이름들도 참 많다. '목란', '봄순', '샛별', '복실' 등등이 참 곱다. '영실'이란 이름을 가진 여자애가 하나 있었는데, 이름에 대한 콤플렉스가 대단했다. 이름만 부르면 아이들이 "와" 하고 웃었다. 이쁜데 왜 그러냐고 물어보니, 북조선에서 영실이는 '영양실조'의 준말로 '뭔가 부실한' 애들에 대한 놀림말로 쓰인단다. 하나원을 나가더니 영실이는 대번에 이름을 바꿨다. '수애'로.

사람은 같이 살면 닮는다는데 진짜다.

하나원에서 아이들과 함께 먹고 자고 싸우고 하니, 얼굴도 말도 성질도 닮아 북조선 사람과 비슷해지는 것 같다. 그래서 하나원을 찾아오는 '남한' 자원봉사자들은 가끔 나를 북조선 출신이라고 착각하기도 한다. 생긴 것도 새까만 게 우락부락하고 옷도 캐주얼에 운동화 차림으로 아이들과 엉켜 씨름하고 뛰어 다니는 사람이 말투도 함경도랑 비슷한 억센 경상도 본토 발음이니까, 처음 보는 자원봉사자들은 곧잘 물어본다.

"거기는 몇 기예요? 성인반이지요?"

"선물 받아 가세요?"

그러면 나는 능청을 떤다.

"소개 올리겠슴다, 15기 교육생 마석훈임메."

"하나만 더 주시라요."

이 모습을 보고 아이들은 배를 잡고 웃으며 좋아한다.

그리고 여자아이들이 그러는데, 내가 성인반 여자 교육생들 사이에서 인기란다. 얼굴이 수려하니 그리 잘 생겼단다. 남남북녀란다. 김일성 장군님 닮았단다. 하긴 내가 남한 기준으로는 좀 무식하게 생겼지만, 기본 프레임은 된다. 역시 북조선 사람들이 사람 보는 눈이 있다. 식사시간에 교육생들과 밥 타려고 줄 서 있으면, 다들 왠지 나만 보는 것 같았는데 그게 다 이유가 있었던 것이다. 저녁 먹고 소나무 언덕에서 김일성 동상처럼 배를 내밀고 하늘로 한손을 뻗으면 난리난다. 뒤쪽에 석양이라도 걸릴라치면 다들 쓰러진다. 갈등된다. 월북해?

대속
代贖

탈북청소년들은 키가 작다. 굶주림으로 인한 장기간 영양결핍의 후유증으로 남한의 또래들에 비해 보통 10~30cm 정도의 신장 차이를 보인다. 이 때문에 키 크기 열풍과 외모 지상주의가 만연한 남한 사회에서 쉽게 놀림감이 되거나 심한 열등감에 빠지기도 한다. 그래서 외모 꾸미기에 관심이 높으며 정착금의 상당 부분을 사용하는데 성형 수술과 화장, 머리 손질, 옷치장에 지나친 지출을 하며, 거액을 들여 성장 호르몬 주사를 맞는 경우도 있다.

정든 고향을 떠나 중국 등 제3국을 떠돌면서 체포와 강제송환의 두려움 속에서 불안한 신분으로 살아야했던 과거의 상처는 깊다. 굶주림의 후유증, 병을 얻거나 다치고, 도망자 신세로 학대받던 기억, 가족 친지와 생이별한 고통은 쉽게 지워지지 않고 몸과 마음에 깊이 남아 남한에 온 후에도 지속되며 각종 질병의 원인이 된다. 굶주림의 후유증은 남한에 와서

'잘' 먹는다고 일시에 해결될 수 없다. 위장병, 피부병, 척추 손상, 탈모, 여성질환, 비만, 신경증 등 기아와 탈북 과정에서 입은 신체적·정신적 상처는 상당 기간 이들을 괴롭힌다.

두만강 건너다가 머리를 다친 한 아이는 공부가 하고 싶은데도 자꾸 잠이 와서 한동안 수업을 못하고 잠만 잤다. 어떤 아이는 극심한 영양실조로 눈이 멀어 평생 시각장애인으로 살아야 했다.

스물이 되도록 생리를 안 하던 여학생은 병원 검사에서 자궁이 미성숙했다는 진단을 받았다. 인간의 몸이란 게 성장기 영양이 부족하면 생존에만 남은 영양분을 써 2차 성징은 멈춘다는 것이다. 동상으로 발가락이 잘린 아이는 오래 서있지 못해 앉아서 생활했고, 심한 성병을 앓았던 아이는 탈모 증상으로 한동안 외출을 하지 못했다.

중국에서 공안을 피해 3년 내내 골방에만 숨어 생활했던 아이는 책 보고 그림 그리기만 할 뿐 누구와도 얘기하려 하지 않았다. 눈앞에서 온 가족이 북송되는 모습을 목격한 아이는 남한에 와서 1년 만에 알코올 중독자가 되어 밤에만 집 밖에 잠시 나온다. 또 비슷한 일을 겪은 한 아이는 깊은 잠을 자지 못하고 자다가 숨을 헐떡이며 깨고, 또 한 아이는 가끔 정신 나간 사람처럼 혼자 중얼중얼거린다.

내가 만난 아이들 중 '정상'인 경우는 드물었다. 그렇게 어린 나이에도 저마다 커다란 고통을 간직한 채 살아간다. 자신들이 지은 죄가 아닌데도 시대의 아픔을 대신 짊어지고 살아간다. 자기 못난 탓으로 알고 살아간다.

아이들이 예수다.

수업
시간

노래 수업

하나둘학교의 아침 시간은 노래로 시작한다. 탈북 과정에서 수년을 떠돌던 아이들이라 매일 정해진 시간에 학교에 와서 수업하는 것에 익숙하지 않다. 10분 집중하기가 힘들고 앉아 있으면 금세 존다. 어떻게 하면 의자에 엉덩이 붙이는 습관부터 가르칠 수 있을까 고민하다 생각해낸 것이 바로 노래 수업이다. 손뼉 치며 춤추고 노래 부르면 참 좋아한다. 역시 풍류를 즐기는 같은 민족이다 싶다. 코드가 통한다.

"청바지가 잘 어울리는 여자 밥을 많이 먹어도 배 안나오는 여자…"처럼 재미있는 가사의 노래부터 시작해서 졸업식 노래, 광복절 노래 같은 의식가까지 다양하게 불러본다. 동요, 유행가, 민요, 가요처럼 아이들이 학교에 가거나 남한 사람 만나면 적어도 꼭 익혀둬야 '당황하지 않을' 기본적인 남한 노래를 배우고 부른다.

아이들은 대체로 발라드를 좋아한다. 왁스, 조성모, 이문세 등 조용하고 애틋한 사랑 노래를 즐긴다. 현철 아저씨의 '사랑은 얄미운 나비인가봐', '봉선화 연정'도 좋아한다. 새파란 놈들이 트로트 흥얼거리는 모습 보면 참 우습다. 한 번은 오디오 볼륨을 풀로 하고 서태지와 아이들의 '교실 이데아'를 들려줬는데, 모두들 통 씹은 표정이다. 문화의 진화에는 시간이 걸린다는 사실을 잠시 잊었다.

또 가끔은 내가 좋아하는 운동권 노래도 부른다. '제발제발', '바위처럼', '동지를 위하여', '임을 위한 행진곡' 같은 노래를 부르면서 남한의 민주화운동도 소개한다. 그러면 아이들이 "이 선생이 빨갱이네" 하면서도 다른 노래들에 비해 째깍 따라한다. 아마 군대풍이고 북조선에서 많이 듣던 가락이라 그런 것 같다. '원조' 빨갱이들한테 빨갱이 소리 듣는 기분이 참 묘하지만 나쁘지는 않다. 전경 두 개 중대가 에워싸고 국정원 직원들이 들락거리는 '적진의 심장부'에서 이런 노래들을 부르니 '쓰릴' 만점이다. 역시 등잔 밑이 제일 어두운 법이다.

나는 선생이다

사회시간이다. 주제는 가치판단의 중요성.

사형제도의 찬반론에서 시작해서 법과 제도의 필요성, 낙태 문제, 환경 문제 등을 거론하며 어떠한 분야에서도 자신의 견해를 가지고 주체적으로 사는 것이 중요하다고 얘기했다.

심드렁한 아이들도 있지만, 몇몇은 아주 진지하다.

호기심으로 반짝이는 까만 눈망울들. 그 강렬한 눈빛을 마주 대하고 있으니까, 이상하게도 마음이 몹시 설레는 것이다. 손끝에서 심장 뛰는 게 느껴지는 것이, '가르친다는 게 이런 거구나' 싶다. 일렁이는 눈망울들의 바램을 가득 채워주고 싶다.

이제야 알게 된다. 내 천직이 선생이란 사실을.

표준말과 사투리

국어 시간에 아이들에게 물어보았다.

"통일이 되면 어디 말이 표준말이 될까?"

다들 서울말이란다.

그서 "그럼 평양말은 왜 표준어가 아니야?"라고 물었다.

당황해 한다.

"그럼 선생님 고향인 대구말은 왜 표준말이 아니야?"라고 물었다.

우물쭈물한다.

전 세계에서 표준말 정책을 강요하는 나라가 딱 두 나라란다. 남한과 북조선. 나는 사투리의 가치에 대해 설명했다. 그리고 굳이 익숙한 조선말 사투리를 어색한 서울말로 바꾸려는 노력 따위는 하지 말자고 했다. 나도 내게 자연스런 경상도 말을 계속 쓰겠다는 양해(?)와 함께.

국어 시간에 경남 지방 민담인 '뱀이 보내준 구슬'을 읽었다. 진한 경상도 사투리 문체 그대로인 글이다.

"어데 가이까네, 이거 미친 개라카면서 때리 직일라꼬 끄시고 나오는 거로, 이것도 목숨인 게 아깝아서러 내가 몇 닢 주고 사가 온다."

"이 배미는 우짤라꼬 끌고 오요?"

처음엔 내가 읽는데 아이들이 신기한 듯 눈을 말똥이며 키득킥득 웃는다. 역할을 나눠서 읽었다. 어색해 하면서도 곧잘 하는데 억양은 함경도 사투리인 것이 말만 경상도말이다. 완전 웃음바다다.

유서 쓰기

국어 시간. 학생들과 유서를 써 보기로 했다.

자기가 곧 죽는다고 가정하고 세상에 남게 되는 소중한 사람들에게 글을 남겨보라고 했다.

아이들이 투덜거리고 난리다. 멀쩡히 살아있는데 뭔 유서냐고, 흉측스럽다고. 그래도 "언놈이 떠드노?" 하고 교사의 권위로 간단히 찍어 누르고 강짜로 시켰다.

그런데 잠시 뒤 분위기가 달라졌다. 간만에 아주 진지해졌다. 숨소리 하나 없이 글을 쓴다. 너무 진지해서 내가 오히려 당혹스러웠다.

나도 썼다. 처음 써보는 유서라서 떨렸다. 아버지, 어머니, 애인에게 글을 남기는데 자꾸 눈물이 맺혔다.

자기가 쓴 글을 발표했다. 기구한 사연들만큼이나 남기는 글들이 애절했다.

허나 신기하게도 다들 글 뒷부분으로 갈수록 유서가 아니라 다짐과 희망의 글이 되는 것이다. 유서라고 시작해놓고는 잘 살아보겠다는 '렬렬한' 다짐으로 글을 맺는다.

죽음을 이미 맛보았기에 다시는 죽음을 생각하기 싫은 것일까? 죽음과 마무리에 대해 생각하기엔 삶에 대한 의욕과 애착이 너무도 강렬해서가 아니겠는가. 한 번은 제대로 살아봐야지 죽음도 생각할 수 있는 건가 보다. 아이들 대하기가 더욱 두려워졌다. 내 아픔의 깊이로 뭘 품고 뭘 가르칠 수 있을지 조심스러웠다.

유서
-친구들에게

나는 이 세상을 한 짓 없이 허성세월을 보내며 쓸모없이 살아왔다. 가끔씩 나는 지나온 생활을 뒤돌아본다. 어릴 적 나는 공부도 잘했고 부모님 말씀도 잘 듣고 귀엽게 생겨 많은 사람들로부터 귀여움을 받으며 살았다. 저에게는 어릴 적부터 동무가 많았다. 동무들 속에는 싸움을 잘하는 아이도 있었고 공부 잘하는 아이도 있었고 놀기 좋아하는 애들도 있었다. 나는 정말 행복했다. 허지만 나는 이런 동무들을 버리고 고향땅을 떠나 낯설은 땅 대한민국에 와있다. 그 이유는 아버지가 중국에 있다는 소문이 퍼지고 나니 성분을 따지는 나라인지라 나와 우리 가정은 희망이 없었다. 그래서 우리 가족과 나는 살길을 찾아 여기까지 왔다. 참말로 미안하다. 그렇게 친하게 지내다가 간다온다 소리 안 하고 떠나왔으니. 친구들아 나는 앞으로 이 대한민국에서 꿈을 꼭 이루고야 말 것이다. 너희들도 비록 북한에서 살지만 어데서 살든지 자기 꿈을 꼭 이루기를 바란다. 너희들을 위해 나는 기도밖에 해줄 수가 없구나.

이제 조국이 통일되면 성공한 몸으로 떳떳한 마음으로 다시 만나기를 바라면서.

김정철

검정고시 문제 풀기

15. 다음과 관계있는 기관은? (   )
 ·헌법 질서를 지키고, 기본권 보장을 위한 기관
 ·헌법 소원 심판 및 정당 해산 심판 등

　　　① 국회　　　　② 법원
　　　③ 정부　　　　④ 헌법재판소

17. 다음에서 업적(성취) 지위가 아닌 것은? (　　)

① 교사　　　　② 여자

③ 사장　　　　④ 간호사

-2001년 제1회 고입 검정고시 사회과목 문제 중에서

　　남한 학교 시험을 경험해 보는 것이 필요할 것 같아 고입 검정고시 문제로 시험을 쳤다. 그런데 십 분이 지나도록 아무도 시험 문제에 손도 못대고 쩔쩔매고 있는 것이다. 해서 개별적으로 지도하려고 "시험 문제에 궁금한 점이 있으면 조용히 손만 들고 있으면, 쌤이 가서 도와주께" 했더니, 모든 아이들이 일제히 손을 드는 것이다. 아예 하나도 모르겠단다.

　　뭘 모르냐고 물어보니, 진짜 아이들 말처럼 '하나도' 모르는 것이다.

　　우선 사지선다에 대한 개념부터 없다. 북조선 시험은 전부 주관식이라는 것이다. '넷 중에 제일 맞는 답을 하나 골라 쓴다'라는 남한 기준에서 지극히 상식적인 사실 하나 설명하는 데만 삽십 분이 걸리니 볼짱 다 본 것 아닌가!

　　겨우 객관식 시험이란 것을 이해시키고 나니, 이번엔 한국말인데도 용어를 모르는 것이다.

　　"국회가 뭐임까?"

　　"기본권은요? 소원은요?"

　　끝도 없이 질문이 쏟아진다. 죄다 설명하려니 점점 짜증이 났다.

"쌤, 15번에 '다음'이 뭐기쇼?"

"응, 네모 안에 설명된 부분을 말하는 거야."

"쌤, 17번엔 '다음'이 없다."

"야! 그 '다음'은 그기 아이고, ①번, ②번, ③번, ④번을 가리키는 거지, 이제 질문 고만하고, 각자 알아서 그냥 풀어라."

시험을 마치고 다 같이 채점을 하는데 눈에 불을 켜고 항의한다. 17번의 경우 정답이 두개라는 것이다. '②여자'뿐만 아니라, '③사장'의 경우도 답이란다.

"시험에 정답은 하나야. ③사장이 어째서 정답이야?"

"쌤, 머저림까? 지주 놈이 재산을 물려받아 사장 된 거 아님까. 뭔 노력 했음까?"

순간 가슴이 철렁거렸다. 그 말이 맞지 않는가. OECD 국가 중 자수성가 비율 꼴찌 수준인 우리나라인데.

더 이상 할 말이 없어 수업 끝.

벼랑 끝 외교 전술의
뿌리

남북은 호상간互相間 가치관과 상식이 다르다. 이러한 차이가 갈등과 편견의 가장 큰 원인이 된다. 일상생활에서 제일 많이 부딪히는 부분이기 때문이다. 오해를 푼다고 상대방에게 사과를 하는 상황에서조차, 그 방식이 달라 또 다른 오해를 불러일으킨다.

하나둘학교에서 잠긴 음악실 문을 몰래 따고 들어갔다 들킨 학생이 내게 제출한 반성문이 있다. 반성문이라고 달랑 두 '줄' 써 놓고 그 뒤에 건의문은 세 '장'을 달아 왔다. 다소 억지다 싶은 정도의 논리로 자신의 결백함을 주장하면서, 오히려 상대방의 작은 허물을 물고 늘어져 자신의 주장을 관철시키고야 마는 집요함을 보인다.

반 성 문
-심영일(21세)

저는 사전 선생님들의 승인 없이 무단으로 문을 연데 대한 저의 잘못을 인정하며 그에 대한 어떤 처벌도 감수하겠습니다.

건 의 문
(중략)
저는 이렇게 생각합니다.
이렇게 문을 따고 들어온 것에는 두 가지 생각이 있으리라 생각합니다. 무엇을 가져가려는 부류와 자기 집처럼 생각했기 때문에, 주인의식이 있어, 뭐 자기 집이니까, 열쇠가 없으니까, 아무 생각 없이 열쇠를 따고 들어갔을 사람. 이렇게 두 종류의 사람이 있으리라 생각합니다. 저는 분명히 주인의식의 생각을 하는 사람의 부류라 말씀드립니다.
어른들이나 많은 분들이 주인의식을 가지고 모든 것을 다 자기 집 물건처럼 관리하라는 말들을 많이 합니다. 그리고 원장님이나 선생님들도 종종 그렇게 말씀하시는 것을 들었습니다.
저는 하나원 하나둘학교의 주인입니다. 저는 이런 생각에 입각하여 그런 일을 행하였습니다. 곰곰히 생각해 보니, 나의 행동이 이런 생각에 행해졌음을 감지하게 되었습니다. 그리고 이런 일이 있은 추후에도 교실문을 개방하시지 않으신다면 저는 또 따고 들어갈 것입니다. 왜요? 내 집이니까요. 누가 문을 안 열어주면 제 집에 못 들어갑니까?

그리고 선생님께서는 제가 이런 행동을 하고 있음을 알고 계셨습니다. 그러나 선생님은 범인을 잡는 형사처럼, 걸리기만을 기다리셨고, 눈에 띄자 된통 벌칙 얘기부터 나왔습니다. 저는….

(이하 생략)

영일이가 하고 싶은 말은 결국, '내가 잘못했다는 건 아는데, 너도 잘못한 게 있으니 너무 까탈스럽게 그러지 말라'는 것이다. 북조선이 상대적으로 열등한 국력에도 불구하고 미국 등 전세계 열강들을 상대로 벼랑 끝 외교 전술을 펴고 있는 바탕에는 이러한 민족적 기질이 있다. 같은 상황에서 남한의 학생들은 당면한 현실을 모면하려고 사과만 하는 것이 보통이다. 하지만, 북조선 청소년들은 사과는 하더라도 상대방의 시시비비를 반드시 그리고 철저히 따지는 성향이 있다. 변증법에서 정반합正反合의 논리처럼, 기본적으로 어느 한쪽의 일방적인 잘못은 있을 수 없다는 생각이 깔려있는 것이다.

우리가 잘못 알고 있는 것 중 하나가 북조선 사회가 '선택할 필요가 없는 단순한 사회'라는 것이다. 하지만 북조선과 협상을 벌이는 남한의 정부나 민간단체 담당자들은 이들을 '협상의 귀신들'이라고 한다. 북조선 사회에서 그들은 본능적으로 어디에 로비를 벌여야 하는지, 누구에게 잘 보여야 하는지를 잘 알고 있다. 그 사회에서는 권력 관계의 핵심을 파악하고, 자신이 지닌 협상카드, 즉 능력에 대해 냉정한 평가를 내려 현명한 선택으로 처신하는 것이 살아남을 수 있는 중요한 조건이 되기에, '현명한 선택'은 '생존'이 달릴 정도로 중요한 문제이다.

탈북청소년의 이러한 사고방식에 익숙하지 않은 남한 사람들은 이런 기질에 상당히 당황하게 된다. 불쾌하게 생각하고 뻔뻔스럽게 여긴다. 하지만 서로 다른 가치관과 상식이 있음을 이해하고 존중하다보면 그 차이는 크지 않다는 것을 알게 된다.

영일이에게 음악실 열쇠를 줬다. 네가 책임지고 관리하라고 했더니 청소까지 다해놓으면서 너무 잘한다. 진작 줄 걸 그랬다.

광혁이

광혁이 다리를 고쳤다.

다리에 못질하고 펜치로 조이고 철사를 묶었다. 양말 씌우고 신발도 씌웠다.

광혁이는 15살이다. 한쪽 다리의 무릎 밑 부분이 없다. 광혁이는 북조선에서 집 없이 떠돌며 구걸하거나 도둑질하는 '꽃제비'로 4년 동안이나 생활했다. 그러던 어느 날, 기차에 매달리다가 기운이 없어 그만 기차 밑으로 빨려 들어가 한쪽 다리를 잃었다고 한다.

오늘 광혁이를 포함한 초등반 아이들이 하나원 인근의 삼죽초등학교에 첫 등교하는 날이다. 아침에 아이들 데려다주면서 학교 마치면 데리러 오마고 약속했는데, 청소년반 애들과 씨름하다 보니 그만 깜박 잊고 말았다. 점심 무렵, 땀을 뻘뻘 흘리며 입이 한자나 튀어나와서는 투덜대며 교무실로 들어서는 아이들을 보면서도 대수롭지 않게 너무 바빠서 그랬노라고 미안하다고만 했는데, 마지막으로 들어오는 광혁이 얼굴을 보자 가슴이 철렁했다. '아차!' 싶어 괜찮냐고 했지만 일 없다기에 일 없는 줄 알았는데, 잠시 뒤 광혁이가 나를 살짝이 부르는 것이다.

"선상님, 자꾸 다리가 돌아감다. 걸어오는데 혼났슴다."

연장통을 들고서 함께 다리를 뜯었다.

꼭 끼어진 신발과 어제 신었다는데 '빵구'나버린 양말을 벗기자 플라스틱과 나무, 플라스틱으로 만든 의족이 보였다. 중국에서 만든 의족이란다. 못을 뽑고 나사를 풀으니, 잘려서 뭉뚝한 진짜 발 밑에 흩어진 가짜 발들이 가득하다. 지나가는 직원과 자원봉사 선생님 들이 다 한 눈길씩 보내자 부끄러운지 가만히 발을 감싸는 모양이 너무 안쓰러워, "야, 니 피노키오 같구마이" 하며 너스레를 떨어봤는데 오히려 더 머쓱해한다. 피노키오가 뭔지는 모르는데, 주변 사람들이 박장대소하니 좋은 게 아니라고 생각하는가 보다. 다시 생각해 보니 적절한 농담이 아니었구나 싶어 얼굴이 화끈거렸다.

부지런히 끼워 맞추고 묶고 해봤지만, 원체 크게 망가져서 임시로 땜질한 모양새가 불안하다. 그래도 좋은지 볼 차자고 조르길래 같이 놀았다.

저녁에 모처럼 선생님들과 회식을 가려는데 광혁이가 내려왔다. 새끼가 요새 나만 보면 목소리를 높인다.

"선상님, 발 봅서예. 발이 막 꺾어짐다."

엊그저께 철사로 대충 묶어 놓은 발이 결국 고장난 것이다. 어찌 됐나 싶어 같이 발을 열어 보는데 "이 발 때문에 오늘 체육도 못하고, 밥 맛 없는 아새끼 죽여 놓지 못했다"는 둥 나보고 생난리다. 그런데 신발을 벗고 양말을 벗겨보니 정말 철사만 남고 앞뒤쪽 나사랑 철판이 전부 부서져 달랑거렸다. 보라고, 자기 말이 옳다고 더욱 기세 높여 따지는데, 그 참에 발이 뚝 부러졌다.

황망함!

광혁이가 막 웃는다. 보던 우리도 어이없어 막 웃으니 더 웃는다. 다들 어쩔 줄을 몰라 한참을 그냥 웃기만 했다. 발이 떨어지다니, 사람 발이.

광혁이가 아빠한테 전화하잔다. 그래라 싶어 전화를 걸어줬다. 그런데 "아버지, 발 떨어졌음메" 하며 장난치던 애 눈에 눈물이 고이는 것이다. 다시 목발을 짚어야 한다며, 이래서는 학교 못 간다고 소리 높여 엉엉 운다. 그 까불거림 속에 이렇게 큰 서러움이 숨어 있을 줄 미처 몰랐다. 눈물을 닦아주며 이리저리 달랬다. 내일 학교 가지 말자고, 나랑 밤 따고 놀자고, 그리고 어떻게든 해보자고.

목발을 하나 구해왔다. 우선 이렇게라도 해서 걷게 해줘야 할 것 같았다. 어린이용이 없어 자르고 붙이고, 손볼 게 많았다. 광혁이와 연장 들고 그저께 밤을 뜯은 잔디밭으로 갔다.

"별 아새끼 다 들어와서 우리 선상님이 큰 고생함다."

자식이 말을 참 싸가지 있게 한다.

그런데 내가 톱질하다 톱 부러뜨리고 나사 잊어먹고 뻘뻘거리니까, 일하는 폼이 영 마음에 들지 않았는지 또 목소리 높이며 따지고 든다. 톱을 뺏어 들더니만, 지가 자르고 붙이고 다한다. 그런데 말하고 연장 드는 폼새가 일깨나 한 것 같아 칭찬했더니, "내 공부는 모해도 이런 건 자신 있슴다" 하며 으쓱거렸다.

마지막 작업으로 제일 중요한 구멍 뚫기를 해야 하는데 도무지 방법이 없었다. 그냥 뚫자니 목발이 쪼개질 것 같아 퇴근한 관리실에 몰래 들어가 드릴을 훔쳐왔다. 그 모습을 보면서 "선생이 도둑질을 참 잘해요" 하며 좋아한다.

드디어 목발 완성! 광혁이가 주근깨 가득한 얼굴로 환히 웃었다. 자기가 목발 짚는 건 선수라고 단숨에 저만치 달려가 계단 오르며 깔깔거렸다.

그 모습, 참 기쁘면서 슬프다. 저 멀리 가는 광혁이를 보는데 눈이 뿌얘졌다. 저놈이 요즘 내 마음에 가득하다.

이때로부터 16년여가 지난 지금, 광혁이는 최광혁 선수로 더 이름이 알려졌다. 2016년에 아이스하키 선수로 강원도청에 입단하여 2018 평창 동계 패럴림픽에서 아이스하키 국가대표 선수로 나왔기 때문이다. 그리고 대회에서 동메달을 땄다.

슬픔의 힘으로
살아가는 아이들

무명無明이 행行에 연緣하고,

행은 식識에 연하고,

식은 명색名色에 연하고,

명색은 육입六入에 연하고,

육입은 촉觸에 연하고,

촉은 수受에 연하고,

수는 애愛에 연하고,

애는 취取에 연하고,

취는 유有에 연하고,

유는 생生에 연하고,

생은 노사老死와 우비고뇌憂悲苦惱에 연한다.

- 불교의 12연기법

하나원 텃밭에서 강냉이밭을 가꾸는데 봉식이가 옆에 오더니만, 묻지도 않는데 자기 얘기를 꺼낸다. 호미로 밭을 갈면서 조용조용 말한다.

몇 해 전 가족들과 두만강을 건널 때 물살이 셌다 한다. 수영을 잘하는 봉식이가 차디찬 강물을 헤치며 건너고 있는데, 갑자기 엄마가 목을 잡더란다. 순간 봉식이와 엄마는 같이 물에 빠져 허우적거렸다. 다급해진 봉식이가 "옴니, 나 죽소" 하니 봉식이 엄마가 잡았던 손을 스르륵 놓고는 어둠 속으로 떠내려가더란다. 그게 마지막 본 엄마 모습이었다고 한다.

"울 오마이 인동에서 곱기로 소문 났습다" 하며 은근히 자랑하더니만 다시 말없이 풀을 뽑는다.

"그랬구나." 나도 그냥 풀을 뽑는다.

본능보다, 상식보다 큰 소리를 들으니 할 말이 없다. 물에 빠진 사람은 지푸라기라도 잡는다는데, 살고자 하는 본능도 자식 사랑하는 마음만은 못한가 보다.

요새 철성이가 신났다. 저녁 먹고 하나원 점호시간인 오후 9시 30분 전까지 하나원 머저리 개 집 앞에서 연일 얘기하는 재미에 푹 빠졌다. 오늘이 나흘째나 되는데 무슨 얘기가 끝도 없다. 동작까지 직접 해보이며 원맨쇼로 말하는 것이 너무 재밌어 하루하루 관객들이 늘어난다. 얘기를 듣다가 사람들이 배 잡고 쓰러진다. 배꼽 빠진다는 말이 진짜다. 웃다가 웃다가 배 아파서 울게 된다. 그런데 그 얘기들이 가만 보면 참 슬픈 얘기인데, 너무 웃기게 말하니까 안 슬프고 웃긴 것이다. 먹을 게 없어 가족이 흩어진 얘기, 배고파서 탈북한 얘기, 공안에게 잡혀 북송된 얘기, 수용소에서 죽도록 맞은 얘기, 다시 탈출하여 꽃제비 친 얘기.

"굶어봤어요? 수용소에서 밥 타러 가는데, 일어서는데 핑 돌며 깜깜함다. (손을 뻗으며 엉거주춤 선다) 이래가 한참을 서 있어야 앞이 겨우 보임다. (어지러운 표정을 짓는다) 계단을 내리 가는데 다리가 후들후들(어기적거리며 다리를 떤다. 박장대소가 터진다), 내 그리 밥 먹고 힘 내가 자유대한 품에 안겼지, 동해물과 백두산이….”

"굶다 미친 년 하나 있는데 말이, 우히히히, 나중엔 변소에서 똥을… 히히히, 똥을 찍어 먹는데, 우와… 간수고 뭐고 다 도망 갔다 말이.” (손가락을 앞에 앉은 아이 입에 넣으려 하자 다 달아난다)

"도망치는데 한 3층 돼. 옷을 엮어서 하나씩 내려가는데 마지막에 줄잡은 놈이 못 내려왔지. 그거 하나 잡히고 우린 다 튀었지, 머저리 새끼, 쳐다보니까 (바보스러운 표정으로) 나는! 나는! 하고 울어. 병신 새끼 히히히.”

"꽃제비 칠 땐 잘 찍는 게 기술임다. 막 불쌍하게 보이게 해서 졸라야 돈 줌다. (“사장님, 천국 가세요!”하며 구걸하는 시늉을 한다.) 안 주잖아, 그럼 ‘이 호비 같은 간나야!’ (‘쑥떡’을 먹인다) 하고 내빼는거지. 그러면 쫓아오다 미끄러져서 휘딱 뒤비져요, 어이구.”

들는 사람들도 다 자기 얘기라서 더 재밌어 하는 듯했다. 슬픈 얘기가 이렇게 웃길 수도 있구나 싶다. 생각하기조차 싫은 슬프고 아픈 기억들이지만, 그래도 이렇게 풀어내면서 살아갈 힘을 얻나 보다. 그런데 슬픈 얘기를 재밌게 하는 철성이 마음은 어떨까. 슬플까, 기쁠까, 일 없을까?

괜찮을까?

운동장 한쪽 구석에 봄순이가 웅크리고 있었다. 가까이 가보니 울고 있다.

"봄순아, 와 우노?"

"쌤, 내 아들래 보고 싶습다. 뭐하고 사는지."

"…가자, 가시나야. 수업해야지. 오늘 마 영화나 보자. 「엽기적인 그녀」 빌리났지롱."

봄순이는 중국에서 한족에게 팔렸다. 같이 탈북한 가족들 먹여 살리려고 한족에게 스스로 팔려 가 사내아이 두 명을 낳았다. 아버지 눈 뜨게 하려고 공양미 삼백 석에 팔려 간 심청이랑 똑같다. 한족 남편이 하도 못살게 굴기에 혼자만 도망쳐 남한으로 왔다. 봄순이는 이제 겨우 스물한 살이다.

봄순이를 이럴 때 혼자 두면 끝도 없이 운다. 때문에 좋아하는 에쵸티 시디 듣고, 영화 보자고 꼬셔야 한다. 그러면 금방 울음 멈추고 강타 사진 사달라, 무슨무슨 비디오도 빌려 달라고 떼쓴다. 커다란 게 아직 애 같다. 애가 애를 둘이나 낳았으니….

그런데 영화 잘 보던 봄순이가 갑자기 엉엉 운다. 지하철에서 전지현이 술 먹고 대머리 아저씨 머리에 토하는 장면을 보면서 막 운다. 다른 아이들은 다 배 잡고 웃고 있는데 자기 혼자서만 울고 있다. 울면서 하는 말이 차태현이 자기 아들 닮았단다. 작은 아이랑 똑같이 생겼단다.

불교의 12연기법 마지막 구절을 보면, 사람이 살아내는 힘은 고통이고 슬픔이라 한다. 우리 아이들이 살아가는 것을 봐도 그렇고, 내 삶을 돌아봐도 그런 것 같아서 그 구절이 가슴에 맺힌다. 편하고 기뻤을 때보다 땅이 꺼지는 아픔을 떠올리면서 살게 된다. 그것도 견디고 살았는데 싶어 살 수 있을 것 같다. 절망의 가지 끝에서 희망의 꽃이 피듯이 그렇게.

슬퍼야 산다 한다, 슬픈 힘으로. 우리 아이들이 가르쳐주는 슬픈 진리다.

음악실

일요일 아침, 모처럼 교무실로 내려왔다. 한동안 몸이 아프다는 핑계로 하나둘일기가 너무 밀려 짐스런 마음을 줄일 요양이었다.

대여섯 명의 아이들이 교실에서 책을 보며 공부하고 있었다. 너무 이쁘고 기특해서 도서관이랑 음악실도 열어주려고 잠긴 음악실을 여는 순간, 경식이랑 학철이가 안에 있는 것이다. 담배 연기 자욱하고 바닥은 쓰레기 천지다. 지들도 놀랐는지 어쩔 줄 몰라한다. 요사이 힘들게 구입한 노래 CD랑 테이프가 자꾸 사라지고 헤드셋도 망가지고 담배꽁초도 발견되는 등 뭔가 일이 있는 낌새가 보였는데 오늘 드디어 터진 것이다.

화가 나면서도 매번 겪는 일이기에 면역이 되어 그런지 의외로 차분해진다. 어찌된 일이냐고 물어보니 경식이가 전화카드로 열었단다. 한두 번이 아니었던 것 같다. 경식이 보고 스스로 벌을 정하라고 했다. 아니면 하나원 규정대로 벌점으로 처리하겠다고 냉정히 말했다. 경식이가 우물쭈물하다가 1주일간 교실 청소를 하겠단다. 교실 청소는 전체 아이들이 누구나 해야 하는 공부니까, 매일 1시간씩 생활관 중앙화단 청소와 반성문을 쓰는 걸로 벌칙을 정하고 보냈다.

교무실에 앉아 혼자 분을 삭이고 잠시 뒤 음악실로 갔는데, 또다시 담배 연기가 자욱하다. 방금 피운 흔적이다. 벌칙에 열받았는지 또 한 대 피우고 갔나 보다.

갑자기 바보가 된 기분이 들었다. 꾸중하며 규율이니 도덕이니 해댄 소리가 속으로 얼마나 우스웠을까. 실망감보다도 포기하고 싶은 마음이 자꾸 들었다. 이곳에선 매번 이렇게 부딪히고 마는 것일까. 밑 빠진 독에 물 붓는 기분이다. 3개월이란 시간에 변화를 기대하는 것은 욕심임을 알지만, 그래도 기대 없이 어떻게 가르칠 수 있을까? 마음이 너무 무겁다.

김광석의 '너무 깊이 생각하지 마'를 틀었다. 제목이 그럴 듯해 보여서.

좀 전에 나갔던 학철이가 교무실에 다시 와서 음악실 좀 열어 달랜다.

"좀 전에 말만 하면 언제든 열어준댔잖아여."

"싫다."

왜 안 되냐고 따진다. 문 닫고 나가라고 고함쳤다.

'○새끼, ▽새끼, △같은 새끼, 꽃제비 새끼, 싸가지 밥 말아먹은 놈……'

신라면
사건

아이들이랑 현장학습을 갔다 오는데, 중간에 아이들이 신라면이 먹고 싶다고 했다. '한국 라면'을 얼마나 좋아하는지 잘 알기에 슈퍼에 들러 사게 했다. 그런데 그날 마침 하나원 입구에서 전경들이 휴대품 검사를 하는 것이다. 나는 아이들을 믿었지만, 행여 '술 반입 엄금'이라는 하나원장의 지시가 걱정되어 "얘들아 이거 술 아니겠지?" 하고 물었다. 아이들은 손을 절래절래 흔들며 "진짜 신라면임다. 우릴 어째 보오!" 하기에 철썩같이 믿고 검문을 당당히 받았다. 오히려 전경들을 향해 "꼭 뒤져야 합니까? 교사를 뭘로 봅니까"라며 따지기조차 했다.

그런데 일이 터졌다. 전경에게 보란 듯이 내가 직접 신라면 박스를 열어 보이는데, 맨 윗부분만 신라면이고 아래는 죄다 소주였다. 그것도 PET병으로 여섯 병! 하나원 개원 이래 단일 반입량으로 최고 신기록이었다. 나는 충격을 받아 아무 말도 할 수 없어 명하니 서 있었다. 술은 압수

되었고 나는 시말서를 썼다.

교실로 돌아와 주동자들을 따로 불렀다. 그런데 잘못했다는 기색도 없이 될 대로 되라는 표정으로 오히려 눈을 붉히고 내게 쌍욕하며 대드는 것이다. 배신감에 치를 떨었다. 세 달 동안 공들인 서로의 신뢰가 이 정도밖에 안되는가 싶어 눈물이 날 지경이었다.

탈북청소년과 함께 지내다보면 이런 종류의 사건을 적잖이 경험한다. 금방 들통날 거짓말을 끝까지 하거나, 잘못을 하고도 시치미를 떼고 오히려 상대방에게 따진다. 그 배신감이 주는 충격은 결코 작지 않다. 더구나 이들을 믿고 지지하는 사람의 입장에서는 그 동안의 모든 신뢰가 한꺼번에 무너지는 비참한 경험이다.

물론 이해는 된다. 그런 태도가 힘겨운 생존 조건에서 어쩔 수 없이 학습된 결과라는 사실을 잘 알고 있다. 그렇게라도 해서 살아야 했기에 쉽게 고쳐지지 않는 것이다. 남한에서 좀 편하게 살다 보면 많이 잦아들 것이다. 세월이 약이다. 그때까지는 지켜봐야 한다. 믿고 기다려주는 것이 존중이다.

하지만, 너무 화가 난다.

사실 탈북청소년들은 술과 담배를 즐긴다. 북조선 사회에서는 십대 초반부터 술과 담배를 즐기는 일이 흔해 우리처럼 별다른 제재를 받지 않는다. 또 식량이 부족한 상황에서 술은 귀한 음식으로 여기며, 담배는 배고픔을 다소 잊을 수 있는 수단으로 활용되기도 한다. 때문에 술·담배에 대한 죄의식은 거의 없다.

다음은 술 반입이 금지된 하나원에서 몰래 술을 사오다가 들킨 아이들의 반성문이다.

　　어제 정말 미안했습니다.
　　우리들도 모르고 그런 것이 아니라 알면서도 스트레스를 풀
　기 위하여 술을 가지고 왔습니다. …(중략) 우리들도 앞으로
　밖에 나가서 술을 가지고 들어오는 것이 아니라 조금씩 마시
　고 들어오기로 했어요. 큰 문제는 제기되지 않을 거에요. 저
　희들도 고생을 해보아서 선생님들의 마음속을 리해해요.
　　앞으로 우리들에게…
　　(이하 생략)

　반성문을 살펴보면 이들에게 술은 '당연히' 마셔도 되는 것이다. 다만
하나원이라는 특수한 사정을 감안하여 '밖에서 마시고 들어오겠다'는 것
이 난처한 입장에 처한 교사를 배려하는 최선의 예의 표현이다.
　미워할 수도 없다. 다른데 어쩌랴.

아이들을
때렸다

우리 아이들을 때렸다. 그것도 한 번도 아니고 세 번.

꽃으로도 아이를 때리지 말라는데, 두만강을 건너온 불쌍한 아이들을 때렸다. 교육적인 목적으로 회초리를 든 게 아니고, 흥분해서 주먹질과 발길질로 때린 적도 있다.

고백한다. 난 아이들을 때렸다.

처음은 13기 은성이다. 부모 없이 홀로 입국한 19살 남자아이다.

사회 수업 시간인데, 은성이가 수업을 시작했는데도 계속 떠드는 것이다. 조용히 하라고 주의를 줬지만 들은 시늉도 안 한다. 앞으로 나와 서 있으라고 했다. 그런데 벌서는 놈이 앞의 아이들에게 말 걸고 혼자 주절주절 얘기하는 것이다. 뭐 이런 게 있냐 싶어 "야 임마, 조선에서도 벌 받을 때 그래?" 하고 큰 소리로 고함을 질렀다. 하지만 오히려 나를 보면서 손가락질하며 낄낄거리기까지 한다.

순간 너무 화가 나서 교실문 사이에 밀쳐두고 문을 쾅 닫아 버렸다. 그제서야 웃음을 멈춘다. 놀란 눈을 하면서. 다른 아이들도 내가 화내는 모습을 처음 봤는지 눈이 동그래진다. 나도 너무 놀랐다. 내가 폭력을 쓴 것이다. 도저히 그 상황을 감당할 수 없어 교실을 뛰쳐나와 버렸다. 가르치면서 처음으로 때린 것이다.

두 번째는 15기와 현장학습을 다녀오면서다.

한양대 인류학과 대학생들과 전라도 부안으로 3박 4일 동안 현장학습을 갔다가 대중버스편으로 돌아오는 길이었다. 갇혀 있던 아이들이 자기 또래의 남한 대학생들이랑 지내더니만 고삐 풀린 망아지처럼 도통 말을 듣지 않는다. 술이며 담배며 잠도 자지 않고 밤새 거리를 헤메고 가을 바다에 팬티만 입고 뛰어드는 등, 4일 내내 마음을 졸였다. '행여 사고라도 나면 어쩌나' 하는 걱정으로. 끔찍한 시간이었다.

중간에 안성터미널에서 하나원 들어가는 버스를 갈아타려고 기다리던 때였다. 버스가 출발하려고 해서 마지막 인원 점검을 하는데 남학생 3명이 사라진 것이다. 급히 인근 시장부터 둘러봤다. 이놈들이 시장에서 물건을 고르고 있는 것이다. 다급히 불러 차에 태우고 한숨 돌리는데, 또 두 놈이 없다는 것이다. 운전기사에게 양해를 구하고 한참을 찾는데 공중전화 박스에 퍼질고 앉아 전화하고 있는 모습이 보였다. 너무 화가 나서 두 놈의 엉덩이를 냅다 걷어찼다.

하나원 들어가서 가만두지 않겠다고 씩씩거리며 차를 타고 가는데, 신호를 기다리는 네거리 한가운데로 세 녀석이 다급히 뛰어와 버스 문을 두

드리는 것이다. 그 와중에도 몰래 내려 과자를 사서 오느라 그런 것이었다.

말문이 막혔다. 애써 진정하며, 하나원 도착하면 바로 보따리 싸서 나갈 생각만 했다. 진작 떠날 걸 괜히 성질만 버렸다 싶었다. 여기 와서 학생들도 때리고, 정말 싫었다. 아이들도 나도.

마지막은 17기 성혁이다.

내가 마지막이라고 단언하는 이유가 있다. 아니, 이유는 없어도 그냥 느낌으로 안다. 마지막이다. 결심이 아니라 더 이상 때릴 수 없다. 놈이 나를 그렇게 만들었다.

성혁이는 내가 본 북조선 아이들 중 제일 꼴통이었다. 뒤틀리고 꼬인 게 도무지 감당이 안됐다. 사람 속 뒤집는 천부적인 재능마저 지녔다. 그래서 그놈과 얘기하고 있으면 부글부글 끓는다. 모든 상식과 인내를 벗어난다.

수업 중 성혁이가 갑자기 수업을 듣지 않겠단다. 듣기 싫다는 것이다. 내가 간디학교에서 조금 배워서 그 정도는 감당이 된다. 미안하다고 했다. 내가 못 가르쳐서 네가 그런거니까 괜찮다고, 교실 옆 음악실에서 혼자 놀라고 했다.

통 큰 인격을 보였다고 뿌듯해 하며 쉬는 시간에 음악실에 가 보았는데, 놈이 없다. 한참을 찾아보니 생활관 제 방에서 퍼질러 자고 있었다. 교육 중 생활관 출입 금지라는 하나원장 특명을 간단히 깨버린 것이었다. 아직 수업이 많이 남아 음악실에서 자라고 타일렀는데, 자기는 죽어도 제 방에서 자야 한다는 것이다. 그럼 차라리 청소년반 말고 성인반으로 가라고 했더니, 자기는 청소년인데 왜 성인반을 가냐고 따지는 것이다. 하도 황당하고 기가 막혀 "너 나하고 원수졌냐?"고 했다.

"내가 왜 쌤이랑 원숩니까? 사람 어째 보오. 머저리요? 원수도 정이 있어야 원수요. 알지도 못하는 게."

따라오라고 했다. 음악실로 데려와서 문을 잠궜다. 너 한 대만 맞자고 했다. 너 이러면 남한서 못 산다고 했더니, 자기는 남한서 안 살 거라고 또 이죽거린다.

따귀를 한 대 때렸다.

울더니 더 때리라고 한다.

또 한 대 힘껏 때렸다.

자기를 때려 죽여달라고 한다. 나도 울면서 정신없이 때리다가 다른 선생님이 말려서 겨우 멈췄다.

하나원 퇴소식 전 하나둘학교 졸업식. 졸업생들이 한 명씩 소감을 얘기하는 마지막 순서였다. 내가 사회를 봤기에 학생들을 차례로 호명했다. 성혁이 이름을 부르는데, 왠지 목소리가 떨리는 것이다. 놈이 뭐라고 한참을 얘기했는데 하나도 들리지 않았다. 그런데 갑자기 놈이 "마쌤에게 하고 싶은 얘기가 있습다" 한다.

강당 가득 교육생이랑 외부 손님들이 와 있었다. 영악한 놈이 이런 기회를 노린 것이라 생각하니 허탈했다. 당혹스러웠지만 놈에게 한 짓이 생각나 담담히 고개를 숙이고 가만히 있었다. 어두운 강당에 놈과 내게만 조명이 모아졌다.

"마쌤, 사랑합니다."

멍하니 한 대 맞은 것 같았다. 목이 울컥 메이더니 가슴속으로 뜨거운 무엇이 흘렀다. 뭐 저런 새끼가 다 있나 싶다. 예수도 아닌 게 날 뿌리째 흔들었다. 나쁜 놈!

졸업식을 마치는데 놈이 가만히 왔다. 예전 북조선에서 아버지에게 맞은 게 그리웠다 말했다. 마음이 너무 울적해 누구에게 좀 맞고 싶었는데, 실컷 맞고 나니 후련했다고 한다.

"이젠 아이 그라요."

성혁이 멱살을 잡고 한참을 흔들고 주먹으로 세게 쥐어박았다.

눈물이 멈추지 않아 밤새 울었다. 아버지 돌아가시고 그렇게 울어보기도 처음이었다.

불국사
청운교 백운교

'사단법인 좋은벗들'이라는 단체가 있다. 1996년부터 법륜 스님께서 시작한 운동으로 북한 난민의 구호와 인권운동을 벌이는 단체다. 이 단체에서는 하나원을 퇴소하는 성인 교육생들에게 졸업여행을 주선한다. 3박 4일 동안 경주 일대의 문화유산을 둘러보고 남한 주민의 생활 모습을 체험하는 내용으로 진행한다.

하나원 퇴소를 앞둔 교육생들은 탈북 후 그토록 바랬던 남한 생활이지만, 막상 홀로 살아가야 한다는 두려움과 동료들과 헤어진다는 섭섭함이 가득하다. 그 불안한 마음을 달래주고 새로운 삶에 대한 희망을 채워주는 것이 이 행사의 목적이다. 나도 기회를 얻어 참석해 보았는데, 일정 하나하나에 깊은 뜻이 담겨 있음을 느낄 수 있었다. 세심히 배려하고 준비하는 실무자들의 헌신적인 자세를 보고 많이 배웠다.

불국사에 갔을 때 안내해 주시던 스님께서 들려주신 이야기다. 불국사

마당이 원래는 큰 연못이라, 예전엔 배를 타야지만 들어갈 수 있었단다. 아침이면 안개가 자욱한 연못 사이로 핀 연꽃을 헤치고 다다르는 곳이 청운교다. 청운靑雲이라는 이름은 속세의 출세와 부귀영화를 뜻한다. 그 헛된 욕심을 밟고서 또다시 오르는 곳이 백운교다. 청운을 접은 사람도 차마 깨우침에 대한 바램, 부처가 되고자 하는 미련은 버리지 못하는데, 그것이 백운白雲이란다. 그러나 부처님 나라에 오르려면 청운도 백운도 다 버려야 한다. 그러한 깨우침을 전하기 위해 만든 구조물이 바로 청운교와 백운교라 한다. 하지만 망자를 추모하러 오는 사람들을 위해서는 그러한 절차를 생략하고, 따로 연화교로 오르게 했단다. 슬픔을 간직한 사람들을 위한 따스한 배려라 한다.

얘기를 듣는 중에 젊은 탈북민들은 "스님, 스님은 결혼하요? 하고 싶어 우짬매?" 하며 계속 딴전을 피우지만, 나이 드신 분들은 연신 고개를 끄덕이며 스님께 합장을 올린다. 종교를 인정하지 않는 북조선에서 사느라 합장하기 참 어려울 텐데도 공손히 두 손을 모은다. 진리에 대해 공경하는 마음이 어찌 체제와 이념이 다르다고 없겠는가. 아름다운 말씀에 아름다운 모습들! 참 행복한 여행이었다.

배가
고프면

배가 고프면 지내 배가 고프다.

이틀은 일 없는데, 그 다음부터는 눈에 불이 난다

생것, 날것도 다 들어간다.

서럽고 슬프다.

그냥 막 신경이 난다.

맥이 없다.

오마니도 동무도 귀찮다.

밤에 잠이 아이 온다.

담배 태우면 좀 낫다.

발이 붓는다.

얼굴에 마른버짐이 핀다.

올챙이처럼 배만 뽈록 튀어나온다.

남이 뭐 먹는 거 보면 눈물이 난다.

앉았다 일어설 때면 핑 돈다. 깜깜하다.

똥이 아니 나온다.

감각이 둔해진다. 파리약 먹은 것 같이 머저리가 된다.

서 있기 힘들다. 비틀거린다.

물 '먹으면' 좀 낫다.

먹을 것만 보인다.

부끄러움이 없어진다. 어디든 들어가 덮쳐 먹고 훔쳐 먹는다.

훔쳐 먹다 잡히면, 썩어지게 맞으면서도 웅크리고 먹는다.

하수구에 떠다니는 강냉이, 국수 가락도 건져 먹는다.

앓는다. 피똥도 싸고 열이 오른다.

머리카락이 덤성덤성 빠진다.

살가죽이 이상하다. 눌러도 한참 지나야 도로 나온다.

눈알이 튀어 나오다가 앞이 안 보인다.

주위가 조용해진다.

슬프지도 서럽지도 않다.

누워서 옴짝달싹 못하는데, 깜박깜박 자부럽다.

먼저 간 오마니가 보인다.

그리고 영영 깨어나지 못한다.

꽃제비로 삼사 년씩 떠돌았던 아이들에게 전해들은 이야기를 모았다. 대부분의 탈북청소년들이 '중간 단계'까지는 가봤고, 거의 '끝'까지 간 아이들도 있었다. 별 일 아닌 듯 담담하게 얘기하는 아이들 앞에서 차마 눈물을 보일 수 없었다. 단지 영양실조로 안구돌출증이 생겨서 눈이 먼 여자아이 앞에서만 눈물을 흘릴 수 있었다. 내가 느껴보지 못한 종류의 아픔이라, 듣는데도 너무 미안했다. 튀어나온 똥배가 한없이 부끄러워 허리띠를 바짝 당겨 매었다.

현이 이야기
하나

"마쌤, 저거 냄다"

현이와의 첫 만남은 신비로웠다. 기적 같은 만남이었다.

하나둘학교 영상수업 시간에 반드시 보는 다큐멘터리가 있다. 변재성 감독이 1999년에 발표한 「탈북 소년들 중국에 가다」가 그것이다. 북조선을 떠나와 두만강 부근에서 꽃제비로 살아가는 탈북청소년의 일상을 다룬 작품이다. 애써 불쌍함을 강조하지 않고 담담하게 그려내고 있기에, 우리 아이들이 들어오면 처음으로 보여주는 영화로 골랐다.

아이들에게 과거의 끔찍하고 힘들었던 시절의 기억을 굳이 되새겨 주고자 하는 뜻은 되도록 빨리, 그리고 잘 잊도록 도와주고 싶어서이다. 아픔은 묻어둔다고 저절로 없어지는 것이 아니다. 힘들지만 다시금 되내어 잘 갈무리한 후 고이 접어두어야 조금씩 잊혀지는 것이다. 그래서 북조선 동무들 모두와 함께 보면 그 고통이 나 혼자만의 것이 아님에 위로 받으며 홀홀 털어 버릴 힘을 키우게 될 것이기 때문이다.

 한참 영화를 보는데, 아이들이 웅성거린다.
 "수업 중에 언놈이 떠드노, 집중 안 할래!"
 "마쌤, 저거 냄다."
 현이가 영화에 나오는 소년이 자기란다. 순간 놀라서 화면을 보는데 닮았다. 눈망울이 초롱초롱하고 앳된 것이 똑같다. 몇 번을 돌려서 보고 또 봤다. 진짜다. 어찌 이런 기적이 있나 싶었다.
 "마쌤, 저 찍은 놈 좀 불러주오."
 "와, 보고 싶나?"
 "얼굴 나왔다 말이, 그냥 찍는다고만 했음. 거짓말했소, 목을 따야 하오."
 "이쁘게 잘 나왔네! 고마 참아라."
 "쪽팔림다, 씨이."

 현이 고향은 강원도 원산이다. 집에 먹을 게 없어 꽃제비가 되어 중국을 떠돌았다. 같이 온 한 살 위 순철이랑은 사촌간이다. 꽃제비 쳐서 번 돈을 가지고 중국 연변에서 강원도 원산까지 몇 번을 왔다갔다하며 부모님께 돈을 갖다 드리곤 했단다. 그 거리가 얼만데, 그게 가능하냐고 물어보면 "일 없소, 어린 건 아이 잡아가오" 하며 대수롭지 않게 웃는다.
 아이들을 가만 보고 있으면 인간의 생명력을 느낀다. 질기고 또 질기다. 어찌 그리 강인한지 고개가 숙여진다. 내가 알고 있는 인간의 한계들이 다 깨져나간다. 그러나 그 질긴 생명도 갈 때는 한순간이다. 허망하게 간다.

현이와는 그렇게 만났다.

엄마 반지

현이는 또래보다 키가 작다. 늘 그게 불만이다. 키 크려고 밥을 잔뜩 먹는데, 위로는 안 늘어나고 옆으로만 퍼져 뚱뚱하다. 자기가 작다는 콤플렉스를 숨기려고 몸 쓰는 일에 적극적이다. 나만 보면 "레슬링 함 합세" 하며 달려든다. 저녁 먹고 나면 매일 잔디밭에서 레슬링하고 팔씨름 하는 게 일이다. 내가 엄청난(?) 체격으로 덮쳐서 조르고 있으면 다른 놈들이 협공한다. 항상 창길이, 창수 형제가 양쪽에서 쌍으로 덤빈다. 비겁한 자식들!

그러던 어느 날 레슬링을 하면서 깍지를 꼈는데, 그 와중에 그만 현이 엄마가 주셨다는 구리 반지를 잃어버렸다. 현이에게 하나 남은 엄마의 흔적이었다. 다음날 아침에 다시 찾아봤는데도 없다. 체육 시간에 청소년반 아이들을 다 동원해서 샅샅이 뒤졌지만 찾을 수 없었다. 현이가 말로는 일 없다고 하는데 표정이 어두웠다. 오후 내내 말도 않고 가만히 앉아만 있었다. 어쩌면 엄마를 영영 다시 볼 수 없다는 두려움 때문에 더 아쉬운 듯했다. 미안해서 어쩔 줄을 몰랐다. 너무 까불었던 것 같다.

현이에게 가장 미안했던 일이다.

피아노 치는 현이

　하나둘학교 아이들은 졸업 전 마지막 연극캠프를 떠난다. 극단 억압받는 사람들의 연극 공간-해解의 노지향 선생님과 그동안 준비한 연극을 총정리하는 시간이었다. 정해진 대본도 없이 상황 설정만으로 자기 마음속을 풀어내는데 아이들이 너무 잘한다. 배우 같다. 보통은 청소년 수련관을 이용하지만 현이가 속했던 하나원 15기 청소년반의 경우에는 안성 인근의 고급 레스토랑에 캠프를 차렸다.

　캠프 이틀째, 현이가 부탁이 있단다. 숲 속의 별장처럼 만들어진 레스토랑 중앙 홀에 멋진 그랜드 피아노가 있는데, 현이가 그걸 쳐보고 싶다는 것이다. 속으로 '아쭈, 니가 무신 피아노를 치노!' 싶어 말리려고 했지만, 현이 표정이 평소와 달랐다. 맨날 까불거리고 담배 물고 사사건건 시비 걸던 얼굴이 아니라, 너무나 진지했다. "마쌤, 나 치고 싶습다" 하는데 반드시 들어줘야 할 것 같았다. 같이 있던 선생님과 지배인에게 사정 얘기를 하니 낮이라 손님도 없다며 흔쾌히 허락했다.

　현이가 피아노를 쳤다. 난 그렇게 진지한 표정으로 연주하는 사람을 처음 봤다. 어디서 배웠는지 한 건반 한 건반 더듬거리면서도 한 곡, 두 곡, 세 곡… 두 시간 동안 꼼짝 않고 피아노를 쳤다. 딴 사람 같았다. 내가 알던 현이가 아니었다. 그 모습이 성스럽기조차 해서 물끄러미 지켜봤다. 레스토랑에 간간이 손님이 들었지만, 아무도 말릴 수 없었다. 무언가에 맺힌 듯 홀린 듯, 현이는 그렇게 피아노를 쳤다.

비 오는 날 린나이 가스레인지

하나원 퇴소식 날이었다. 탈북민들은 석 달 동안 이곳 하나원에서 남한 사회 적응 교육을 받고, 각자 영구임대주택을 배정 받아 전국으로 흩어진다. 대부분 서울을 원하지만, 정부에서는 인구 분산 정책에 따라 추첨으로 정한다. 현이는 제주를 배정받고, 사촌 형인 순철이는 부산으로 배정받았다. 둘 모두 부모도 없고 친척도 없는 남한 사회 유일한 사촌 사이인데도 갈라놓는다. 좀 같이 살게 하지, 세대주가 다르다고 혈육인 둘을 물 건너로 떨어뜨려 놓았다. 공무원이 하는 일이 다 그런 줄은 알지만, 이건 심했다. 열아홉 살도 안 된 애들을 어찌 혼자 살라고 갈라놓을까. 한심하고 멍청하고 또 한심하다.

퇴소식을 마치면 각자 보호관찰 담당 형사 따라 차를 타고 떠난다. 나는 퇴소식 날에는 되도록 끝까지 배웅하지 않으려고 한다. 교무실에서 컴퓨터를 하거나 혼자 영화를 본다. 석 달 동안 정이 들어, 떠나가는 모습을 보면 감정이 주체가 되지 않기 때문이다. 강당에서만 배웅하고 안성 시내에 나가서 목욕탕이나 가려고 차를 몰고 나왔다.

그런데 하나원 앞 버스 정류장에 현이가 서 있는 것이다. 가을비는 추적추적 오는데, 지급받은 린나이 가스레인지 하나 들고 형사 우산 한 귀퉁이에 머리를 들이밀고 버스를 기다리고 있었다. 몸이 죄다 젖은 상태였다. 현이 몸만 한 가스레인지도 다 젖었다. 차를 세우고 현이와 형사를 태웠다. 형사는 제주에서 왔기에 차를 못 가져 왔단다. 김포공항을 가기 위해 안성시외버스터미널로 가는 길이란다.

형사에게 우리 현이가 참 착하고 말도 잘 듣는다고, 잘 좀 부탁한다고 인사치레를 하며 현이 얼굴을 보니 굳어 있었다. 형사만 없었더라면 펑펑 울 얼굴이었다. 현이에게 아무 소리도 못하고 터미널까지 차를 몰았다. 도착하니 금방 김포공항 가는 버스가 왔다.

"현아, 개안나?"

"일 없습다. 마쌤 앓지 마쇼."

"그래·새꺄, 니도 잘 살라. 도착하믄 전화하거래이. 내 제주에 함 가꾸마!"

현이는 버스에 올라서도 내내 차창 밖으로 나를 봤다. 평소 늘 하던 대로 내가 '강력한 쑥떡'을 먹였는데도, 그냥 씩 웃기만 할 뿐 되받아치지 않았다.

현이는 그렇게 하나원을 떠나갔다.

만나고 가르치다 :
늘푸른학교(2002)

늘푸른학교는 서울 수유리에 있는 생활공동체 학교다. 하나원을 퇴소한 무연고 탈북청소년들의 생활훈련과 자립을 돕기 위해 그룹홈 형태로 만들어졌다. 나는 이곳에서 생활교사로 일하며 십여 명의 남녀 아이들과 같이 살았다. 그리고 남북청소년들이 함께 어울리며 통일을 준비하는 프로그램인 '셋넷교실'의 간사 일을 했다.

아이들이 자라는 것처럼

통일도 자라기를.

현이 이야기
둘

휴전선에서

 '셋넷교실'은 대화문화아카데미에서 주관하는데, 남북의 청소년들이 함께 놀면서 통일을 실험하는 프로젝트다. 내가 간사를 맡았다. 하나원 '하나둘' 학교를 나온 우리 아이들이 남한 사회에서 좀 더 적응 잘하라고 이름도 '셋넷'으로 지었다. 하나둘 내딛기 시작한 걸음이 서너 걸음, 대여섯 걸음으로 성큼성큼 나가라고.

 핵심 프로그램은 그냥 잘 '노는' 거다. 통일이라 해봐야 어차피 남북 주민끼리 살 맞대고 사는 건데, 복잡하게 해봐야 소용없다. 한 달에 두어 번 주말에 탈북청소년들 모아서 남한 애들과 섞어놓고 진탕 노는 프로그램이다. 게임하고 놀고, 영화 보고 놀고, 뮤지컬 보며 놀고, 농촌 가서 농활 하며 놀고, 바다 가서 놀고, 밤 따고 놀고, 볼 차며 놀고, 견학 가서 놀고,

배 타고 논다. 애들도 "셋넷 온나" 하면 대뜸 "이번에는 어디서 놀아요?" 한다. "분단선 가서 놀지" 했더니 좋아들 한다. 6·25 특집으로 중부전선 태풍전망대를 찾기로 했다. 제주에 있는 현이에게도 연락했더니, 바로 오겠단다. 현이에게 멀리서나마 고향을 보여주고 싶었다.

행사 중간에 강당에서 6·25 기념 영화를 보았다.

"6월 25일 04시를 기해, 북한군은 기습 남침을 강행하여….."

영화에서 북한이 남침했다는 얘기를 한다. 그걸 보던 현이랑 정철이가 "에구, 괴뢰군 새끼들 또 거짓말하누만, 남조선이 먼저 쳐들어왔는디…" 한다. 그 소리들 듣던 남한 청소년 하나가, "UN에 북한이 쳐들어온 명백한 증거가 다 있는데 그러네?" 하며 끼어든다. 현이가 화내면서 "이 간나, 머저리 아임? 남조선이 쳐들어 오이 장군님이 쓸었지" 한다. 서로 옳다고 주장하며 씩씩거린다.

아이들과 있으면 가끔 이런 상황에 직면한다. 이때 어른이랍시고 어설프게 어느 한쪽 편을 들면, 나중에 애들끼리 반드시 한 판 붙는다. 탈북청소년들도 한 성질 하지만 셋넷교실에 참여하는 남한청소년들도 탈학교 출신 청소년들이라 다들 어디서 '껌 좀 씹었던' 애들이다. '탈'자들 잘못 건드리면 큰 탈이 난다. 병 깨고 연장 들고 난리 난다.

이럴 땐 순발력을 발휘해야 한다. 서로의 상식이 다를 수 있다는 사실을 이해시켜야 한다.

"아따 짜슥들, 졸라 무식해요. 서로 총 겨누고 있다 한 놈이 먼저 방아쇠 땡긴 게 뭐가 중요하노? 같은 민족끼리 서로 총 겨누고 있었는데, 그게 문제지, 맞나 아이가?"

다들 수긍하며 맞장구를 쳤다. 내가 점점 능숙한 '박쥐'가 되어 가는 것 같았다.

중부전선 태풍전망대, 휴전선 너머 북조선 풍경이 보인다. 밭과 집들이 보이고 농민들도 보인다. 현이가 보더니 "하아, 가깝다야" 한다. 여기서 조금 더 가면 현이 고향인 강원도 원산이다. 고향에는 지금도 현이 '오마니'가 살아 계시단다. 얼마 전 물어물어 소식을 전해 들었다 한다. 얼마나 그리울까. 얼마나 가고 싶을까.

현이는 한동안 그렇게 고향 쪽으로 목을 길게 빼고 바라보고 있었다.

현이를 내쫓았다

늘푸른학교에 현이가 자주 왔다. 제주에 홀로 살자니 외로웠나 보다. 섬보다 뭍에 올라와 지내는 때가 더 많다. 전국을 싸돌아 다니며 혼자 사는 동무들 집을 전전하며 다닌다. 그러다가 술에 취해 예고도 없이 불쑥 찾아와, 술 먹자고 칭얼거리곤 한다. 얼마나 외롭고 막막했으면 그럴까 싶어 집에 오면 같이 술도 먹고 노래방도 가고 PC방도 갔다가 같이 재우기도 했다.

그런데 문제가 생겼다. 늘푸른학교에는 여자 애들도 서너 명이 있고, 남자아이들 방도 비좁았다. 또 현이가 나랑 친구처럼 편하게 지내는 모습을 보니 늘푸른학교에 있던 아이들이 은근히 샘이 났던 모양이다. 불쾌한 표정이더니, 다시는 모르는 아이들을 집에 오게 하지 말자고 한다. 내 입장이 무척 난처했다.

 그러던 중, 운영규칙 문제로 단체의 어른들과 갈등이 생겼다. 나는 쉼터 개념으로 외로운 탈북청소년들이 한 번씩 쉬어 가는 공간으로 만들고 싶었는데, 다른 사람들 의견은 달랐다. '남한 적응훈련학교'로서 위상을 만들어 가야 한다는 것이다. 열 명도 안 되는 애들 데리고 무슨 학교냐고, 그냥 같이 생활하는 집으로 편하게 살고 싶다고 얘기해도 받아들여지지 않았다. 급기야 사무국장과 쌍욕을 하며 대판 싸웠다. 가끔 와서 간섭하는 꼴이 싫던 차에 운영규칙을 논하다가 붙어버린 것이다. 밖에서 싸운다고 나왔지만, 집으로 오던 수정이가 다 봤다.

 그 일 이후 마음이 편치 않았다. 내 고집대로만 할 수도 없는 일이었다. 아이들이 불쑥 찾아오면 조금 놀다가 돌려보냈다. 섭섭하다고 투덜거려도 할 수 없었다. 그러던 차에 현이가 왔다. 마당에서 삼겹살을 구우며 얘기하다가 잠은 딴 데서 자라고 했다. 현이가 잘 데가 없다고 여기서 자겠다고 우겼지만, 냉정하게 가라고 돌려보냈다. 마음이 영 불편했다. 섭섭한 얼굴로 힐끔거리며 돌아서는 현이를 보았다. 그게 내가 마지막 본 현이 모습이었다.

안녕, 잘 가라 현아!

 새벽에 전화벨이 울렸다. 전날 자료집 작업을 한다고 새벽 3시 넘어 잠에 들었기에 비몽사몽간에 전화를 받았다. 충성이 놈이었다. 몇 달 전 무면허 오토바이 사고를 내고 구치소가 들어가 있는 놈을 이리저리 돈을 마련해 간신히 빼냈는데도, 또 오토바이를 탄다고 해서 다시는 상종 않겠다고 벼르던 차였다.

"마쌤, 현이 죽었슴다."

"이기 술 처먹었나, 니 오토바이 또 탄다매? 끊어라, 니하고 안 논다."

"진짬다. 현이 사고로 죽었다 말이."

나는 그냥 전화를 끊어버렸다. 그리고 잤다.

그런데 얼마 못 자고서 꺼림칙한 기분에 깨어 정철이에게 전화를 걸었더니, 지금 김포공항이란다. 현이가 진짜 죽었단다. 오토바이 사고란다. 친구들 십여 명이랑 비행기 기다리고 있다고 한다. 눈앞이 노래졌다.

서둘러 공항으로 가서 제주 가는 비행기를 탔다. 우중충한 날씨의 제주 공항에 내려 병원 영안실로 갔다. 빈소에 양복 입은 현이 영정 사진 하나가 달랑 있고, 아이들만 모여 울고 있었다. 현이가 진짜 죽었다. 눈물도 안 나왔다. 부산에서 사촌인 순철이가 와서 상주 노릇을 하고 있었다. 순철이가 이제 북조선 있는 현이 엄마 어찌 보냐고 울먹였다. 죽었다고 어찌 말하냐는 것이다. 잘 살려고 남한 왔지 죽을 거면 왜 왔냐고 몸부림친다.

다들 현이 죽은 게 너무 이상하단다. 사고 난 곳은 차가 많이 다니는 곳이 아니란다. 현이가 혼자 오토바이 몰고 친구들이 승용차로 뒤따르고 있었는데, 현이가 별안간 곡예 부리듯 인도 쪽으로 오르려다가 넘어졌단다. 처음엔 장난인 줄 알고 웃었는데, 차에서 내려 가보니 머리가 깨져 물컹하더란다.

며칠 전부터 부쩍 이상한 소리도 하더란다. 서울 가서 친구들과 같이 살고 싶다고 했단다. 외로워서 못 살겠다고, 다같이 모여 살고 싶다고 했단다. 청소도 잘 안 하던 놈이 사고 난 날 아침에는 화장실까지 깨끗이 쓸고 닦아 놓았단다. 사고 난 오토바이도 그 날 마지막으로 타고 팔려고 했던 거란다. 보일러 기름도 넣지 말자고 하더란다. 자기는 멀리 갈 거라고 하면서.

장사를 지내고 화장을 했다. 제주 추모공원 한 편에 현이 빈소를 마련했다. 우중충한 날씨에 현이를 태운 검은 연기가 하늘높이 올랐다. 다들 물끄러미 봤다. 순철이가 실성한 놈처럼 중얼거렸다.

"마쌤, 현이 갔어요. 저 연기 타고 가버렸어요"

아무 말도 할 수 없었다.

오후에 아이들과 제주 탑동 놀이공원에 가서 신나게 놀았다. 부조 들어온 돈이 많이 남았다. 그도 그럴 것이 애들이 서울 올라갈 비행기 삯까지 다 털어 넣었던 것이다. 제주 시장님과 여러 곳에서 도움도 주셨다. 상주인 순철이와 애들 모두 그냥 놀고 싶다고 했다. 해서 바이킹도 타고 '빙빙 돌면서 춤추다 튕겨 나가는' 기구도 탔다. 그 비싼 제주 갈치찌개도 고봉으로 먹었다. 당연히 PC방 가서 「스타크래프트」도 했다. 4:4로 하면서 현이 자리는 컴퓨터 인공지능이 대신했다. 인공지능이 혼자 치러 가는 놈이 평소 현이가 제일 미워했던 놈이라면서 다들 조마조마했는데, 나중에는 다 뒤섞여 누가 현이인지도 몰랐다. 게임하고 술 먹고 떠들고 놀았다. 왠지 그냥 재미있게 막 놀아야 할 것 같았다.

밤늦게 현이 집에서 다 같이 잤다. 집이 정말 깨끗했다. 내가 그동안 다녀본 '꽃제비'들 집 가운데 가장 깔끔했다. 쓰레기통은 물로 씻어 한쪽에

납 골 2실 78번

최   현

1984.09.17 ~ 2003.01.14 (양)

말린다고 가지런히 뒤집혀 놓여 있었다. 부엌 싱크대 거름망에도 밥풀 하나 없었다. 냉장고에는 과일 몇 개만 있고 김치통도 깔끔하게 비워져 있었다. 밥솥에는 보통 쉰 밥이 있어야 하는데 설거지까지 완벽하게 되어 있었다. 현이 방 들어가는 입구 벽에는 어린이용 키 재는 줄자가 붙어 있고, 볼펜으로 표시가 되어 있었다. 처음 표시와 비교해서 한 뼘도 크지 않았다. 하나원 있을 때부터 부쩍 키 크는 성장호르몬제 얘기를 묻곤 했었는데, 내내 작은 키가 신경 쓰였나 보다.

기름이 없어 온기가 하나도 없는 현이 방에서, 다같이 「탈북 소년들 중국에 가다」를 봤다. 지난 여름 내가 줬던 비디오테이프였다. 화면에서 현이는 여전히 '꽃제비질'을 치고 받은 돈을 꼭 쥐고는 돈을 세고 있었다. 엄마에게 보내주려고 했던 거다.

밤이 되니 추워서 아이들과 이불이랑 카페트까지 뒤집어쓰고 부둥켜 안고 잤다. 하나도 무섭지 않았다. 현이가 우리를 얼마나 좋아했는데, 차라리 현이 귀신이라도 보고 싶은 심정이었다.

새벽 6시, 알람을 맞춰놓은 오디오에서 큰 소리로 음악이 흘러나왔다. 현이가 좋아하던 김장훈 노래, 예전 하나둘학교에서 아침 음악 시간에 다 함께 불렀던 노래, '세상이 그대를 속일지라도'였다.

그제서야 참았던 눈물이 터져 나왔다. 현이가 너무 보고 싶었다. 내 제자이자 친구인 현이를. 현이는 그렇게 우리들 곁을 떠나갔다.

문화
차이

검정고시를 준비하는 수향이가 학원 갔다 오더니 씩씩거린다. 학원 담임선생님이 자기를 무시한다는 것이다. 학원 다니지 않겠단다.

왜 그러냐고 물어봤더니, 수업이 어려워 선생님께 상담하러 갔단다. "선상님, 저 지내 바쁨다"라고 하자, 그 선생님이 "그래 바쁘면 집에 빨리 가봐라"라고 답했다는 것이다. 무슨 선생이 학생 얘기도 안 들어주냐는 것이다.

울면서 투덜거리는 수향이 앞에서 한참을 웃었다. 학원 선생님이 '지내 바쁘다'는 말을 '많이 급하다'라고 이해한 탓이다. 흔히 있는 일이다.

"남한 사람들은 조선말 잘 몰라. 저 많이 힘들어요, 그래야 알아듣지."

통일이 되면 남북은 서로 다른 언어를 익히기 참 바쁠 것 같다.

어느 날인가는 정철이가 심각한 얼굴로 오더니 부탁이 있단다. 뭐냐고 물어보니, 쭈뼛거리며 자기가 열아홉 살인데 아직도 '거기'를 "아이 깠다

말이" 하며 울상이다. '거기를 안 까면' 사내 구실을 제대로 못한다는 것
이다. 춘천에 계신 부모님께서 빨리 수술하라고 돈을 보내셨는데, 어디를
가야 하는지 모른다고 알려 달라 한다.

생각하는 게 하도 신기해서 "조선서도 원래 다 까나?" 하고 물어보니
"거기메 그런 거 없음" 한다. 그런데 여기선 왜 '깔라'고 하냐고 물어보니
남한에서 살려면 '까야' 한다고, 주변에 물어보니 제 또래는 다 깠단다.
그건 유대민족의 전통일 뿐이고 의사들이 돈 벌려고 뻥 튀긴 거라고, 전
세계적으로도 유독 이스라엘과 미국, 한국만 깐다고, 안 까도 잘 씻으면
일 없다고 한참을 설명해줘도 막무가내다.

기어코 간다는데 어쩌랴. 병원에 데려다줬다. 잠시 뒤 '공사' 마치고 어
기적거리며 들어서는 놈을 보면서 한참을 웃었다.

"여성 간호원이 막 잡고… 쪽팔려 혼이 났소."

조롱박이 하나 있기에, 주면서 씌우고 다니라 했다. 남한에서 남들 다
하는 것 못해서 스트레스 받는 것보다 직접 해보는 것도 나쁘지 않을 것
이다. 하지만 좀 씁쓸하다. 악습까지도 배워야 정착이 되는 것은 아닌데
말이다. 정철이에게 차마 못한 말이 있다. 안 그래도 나 보고 남한 사람
아니라고 의심하는데, 괜시리 더 혼란을 줄 것 같아서였다.

사실 나도 안 깠다, 그래도 잘 하거든!

할렐루야

스물네 살 은숙이는 기독교인이 아니다. 그런데도 아주 잘 나가는 부흥회 전문 강사다. 천안에서 직장을 다니는데, 교회 부흥회는 물론 각종 통일·반공 강연을 통해 월급보다 더 많은 부수입을 올린다고 자랑한다. 은숙이뿐만 아니라 탈북청소년 다수가 교회에서 이와 비슷한 일을 하고 있다.

예수님이 어떤 분 같냐고 물어보니, 교회 잘 나가면 먹고 살게 해주고 천국 가게 해주는 분이라 한다. 나 보고도 예수 믿어야 돈도 벌고 장가도 갈 수 있다며 자기가 잘 아는 교회에 같이 다니자고 한다. 손 붙잡고 기도하잔다. 할 말이 없어진다. 북조선에서는 '수령님'을 모시고 살고 남한에서는 '예수님'을 떠받들고 산다. 남북 모두 '믿음' 하나는 탁월한 민족이다. 어떤 공작원 출신 탈북민이 한 말이 생각난다. 한반도에는 두 명의 유명한 무당이 있는데, 바로 북조선의 김일성과 남한의 조용기 순복음교회

목사란다. 그래도 김일성이 더 급이 높단다. 나라 전체를 쥐고 흔드니까.

은숙이처럼 교회에 열심인 아이들 하는 일을 보면 교회에서 대표 기도를 하거나 부흥회장에서 신앙 간증을 하는데, 대부분 레퍼토리가 비슷하다. "북한에 있을 때 너무너무 힘들고 배고파…"로 시작해서 얼마나 죽을 고생을 많이 했는가를 장황하게 설명하고는, 중간 중간에 "그때 저에게 나타난 ○○교회 ○○○ 장로님(혹은 목사님)은 하나님께서 보내주신 천사였습니다"라고 교회 관계자를 들먹이면서 흐느끼면, 교회 전체가 "할렐루야, 주여" 외치며 난리가 난단다.

그런 식으로 한바탕 '생쇼'를 해주면 적게는 십만 원에서부터 많게는 삼십만 원도 받는단다. 하지만 요새는 탈북민끼리 부쩍 경쟁이 치열해져 예전에 비해 '껀수'가 잘 없단다. 해서 더 잘 울거나 더 처절한 북조선 이야기를 해줘야 '약발이 통한다'고 한다. 그래도 매주 교회 출석만 잘하면 사십만 원 정도는 받는다면서, 남한 교회가 너무 좋단다. 이야기를 듣고 있으려니 짧은 시간에 남한 사회의 생리를 너무나 잘 파악한 것이 기특하면서도 서글펐다.

남한의 적지 않은 교회에서 탈북민을 자신들의 믿음에 대한 증거와 홍보 수단으로 삼는 경향이 있다. 교회에 얼마 만큼의 탈북민이 다닌다는 것을 대단한 실적으로 자랑한다. 서로 자기 교회에 오게 하려고, 매달 주는 돈의 액수에 프리미엄 경쟁이 붙는다. 어차피 신앙보다 돈에 대한 욕심이 앞선 탈북민 중에서는 당연히 돈을 더 주는 교회로 옮기는 사람들이 생긴다. 그러면 기존 교회의 사람들은 탈북자란 것들이 원래 비겁하고 의리 없는 상종 못할 것들이라며 쌍욕을 해댄다.

낯선 땅에서 딱히 연고가 없고 인적자본이 부족한 탈북민에게 그나마 소속감을 주고 생활에 기본적인 도움을 주는 남한 교회의 긍정적인 역할을 무시하는 것은 아니다. 하지만 문제는 이러한 행위가 탈북민의 자립을 막고 자신들의 과거 아픔조차 상품으로 팔아 먹으면서 사회적인 기생을 하게 만들어 일방적인 의존 관계를 심화시킨다는 데 있다. 한 달 힘들게 일해도 겨우 백만 원 정도 받는데, 교회만 잘 나가도 사오십만 원은 생기고 강사료 부수입도 있다. 또 정부에서 지급하는 기초생활수급비 1인 기준 사십만 원을 합치면 별다른 직업 없어도 백만 원이 훌쩍 넘는데 누가 애써 일하려고 하겠는가. 할렐루야다.

바나나

늘푸른학교 아이들이 가장 싫어하는 과일은 바나나다.

처음에는 남한에 와서 생전 처음 먹어본 과일이라고 무척 좋아했다. 북조선에서 밥과 된장만 먹고 살다가 바나나의 달콤한 냄새를 맡고는 그 강한 향내에 취해 어질어질했단다. 세상에 어쩜 그리 맛난 게 있는지 눈물나게 좋았단다. 남조선 와서 제일 좋은 걸 꼽으라면 신라면, 바나나, 짜장면이란다.

그런데 늘푸른학교에 찾아오는 손님들이 문제였다. 일주일에도 두세 번 여러 곳에서 사람들이 찾아오는데, 주로 대학생들이다. 탈북민 관련 논문을 쓰기 위해 현장조사를 한다거나 자원봉사를 오는 것이다. 그런데 학생들이다 보니까 주머니 사정이 넉넉하지 못해서 그런지 주로 사오는 선물이 바나나 아니면 빵이다. 게다가 늘푸른학교 골목길 올라오는 입구에 있는 큰 슈퍼에는 바나나가 떨어지는 날이 없다. 무슨 동네 슈퍼가 이

마트보다 바나나 값이 싸다. 해서 오는 사람마다 의기양양하게 바나나를 한 무더기씩 사온다. 벨이 울리면 아이들이 내다보곤 한다는 소리가 "마쌤, 또 바나나 왔어요"다.

내 입장에서는 손님이 왔는데 인사를 안 시킬 수 없기에, 늘상 아이들 다 불러 소개하고 잠시라도 얘기를 하게 한다. 게임하다가, 잠 자다가 억지로 참석한 아이들이 마지못해 '먹어주는' 게 바나나니, 제일 싫어하는 과일이 되어버린 것이다.

하루는 효강이가 내게 화를 버럭 내면서 "우리가 원숭이요? 맨날 바나나만 사오고, 사과 좀 사오라 그라쇼" 한다. 자기도 얘기하고는 웃긴지 화내다 막 웃는다. 모두들 배를 잡고 떼굴떼굴 굴렀다. 우린 원숭이고 여기는 '늘푸른 동물원'이란다. 난 '타잔'이고 자기들은 '치타'란다.

고향에
돈 보내는 기쁨

성철이는 대학생인데 아르바이트로 중국집에서 철가방을 든다. 일하면서 공부하는 것이 너무 피곤하단다. 아침이면 몸이 물에 젖은 솜처럼 무겁지만 차를 타고 1시간 걸려 학교에 간다. 하루에 차비만 육천 원 이상 들지만, 그래도 매일 새로운 것을 배울 수 있어 기쁘다고 한다.

학교에서는 자신이 탈북민이란 사실을 모른다고 한다. 괜히 알려봤자 피곤해질 뿐이라는 것이다. 안 그래도 최근 탈북민에 대한 비판이 많은데 알려지면 부끄럽다고 한다. 정착금 사용 내역을 물어보니 600만 원을 고향의 가족들에게 보냈단다. 북조선에 있는 성철이 아버지만 성철이의 남한 정착을 알고 나머지 가족들은 중국에서 일하는 줄 알고 있었다. 그래도 성철이의 말투를 이상하게 여긴 누나가 "네레 남조선 말투 같다야"며 의심을 해서 "중국에 남조선 대학생들이 많아 좀 변했소"라고 둘러댔단다. 돈은 브로커를 통해 보내고 북조선에 있는 가족과는 핸드폰으로 통화를 한다. 성철이 아버지께서 그렇게 큰 돈을 보내면 너는 힘들어서 어쩌냐고 걱정하시길래 일 없다며 자신은 남조선에서 돈을 많이 번다고 둘러댔다고 했다. 그러면서 참 뿌듯했다는 것이다. 남한 돈 600만 원이면 북조선에서는 꿈도 꾸지 못할 엄청난 돈이다. 그 돈으로 가족들이 편히 생활할 생각만 하면 자신의 고생쯤은 아무것도 아니란다.

어린 나이에도 참 기특하다. 성철이에게 가족들을 남한에 데려오고 싶지는 않냐고 물어보았는데, 절대 반대란다. 자신이 이곳에서 돈 벌어 북조선에 있는 가족에게 보내는 게 낫지 가족들이 "남한에 와서 천대받는 꼴은 못 보오"라는 것이다. 그래서 빨리 통일이 되었으면 좋겠단다.

탈북민 대다수가 성철이처럼 북조선 가족에게 돈을 보내거나 가족을 데려오는 데 돈을 쓴다. 본인의 행복보다 가족을 우선시한다. 마치 예전 어른들 같다. 가난해도 책임감 하나로 버티고 사는 모습, 우리 민족의 강인한 습성이다.

민중이
왜 위대할까?

　탈북청소년들과 실랑이를 벌이고 나면 기분이 참 이상해진다. 남한 생활 적응 교육이랍시고 이런저런 잔소리해대는 것도 우습고, 잘 이해 못하는 아이들 설득하는 것도 쉬 지치게 된다. 그러다보면 밴댕이 소갈머리라 꼭 윽박지르거나 같이 한 판 싸우고 마는데, 이내 스스로 한심하고 초라해진다.

　한창 젊은 나이에 이게 뭐 하는 짓인가 싶다. 애들도 내가 서른 넘어 장가도 못 갔다고, 뭔가 정상이 아니라고 쏘아붙인다. 분한 마음 삭이려고 걸레질에 마당도 쓸어 보지만 좀처럼 얼굴이 펴지지 않는다. 나도 예전에는 대구에서 잘 나가는 젊은 피였다. 정치에 대한 꿈도 꾸며 뻔질나게 TV에 얼굴 나오는 걸 즐기며 살던 때도 있었는데, 지금은 손과 가슴에 마늘과 덴푸라 냄새만 가득한 가정주부가 되었다. 북조선 애들을 키우고 집안 일 하는 것이 통일을 위한 나의 '혁명 과업'이다. 스스로가 자꾸 우스워지고 초라하게 느껴지는 게 필시 주부 우울증에 걸린 것이리라.

마음이 스산할 때 가끔 찾는 곳이 있다. '늦 푸른 학교'에서 늘 질척하니 허우적거리지만, 그래도 참 좋은 게 하나 있는데 바로 집 앞에 있는 북한산이다. 대문 열면 바로 산이다. 아카데미 하우스 뒤쪽으로 등산로를 벗어나 조금 오르면 한적한 숲이 나온다. 그곳에서 제일 정이 가면서도 품이 큰 나무에 올라 나뭇가지에 걸쳐 안긴다. 나무늘보처럼.

언젠가 TV「동물의 왕국」에서 밀림의 나무늘보를 봤는데, 느릿느릿 게을러터진 놈이 나무에 기대어 자는 모습을 보고는 '저거다' 싶었다. 똑같이 흉내 내어 해보니 정말 편하다. 솔솔 부는 바람에 잠이 실실 오는데, 나른한 게 너무 좋다. 시체 놀이보다 더 짜릿한 혼자 놀기다. 한두 시간을 그렇게 묵새기고 나면 '사는 게 다 그렇지 뭐!'의 마음 상태로 돌아간다. 또다시 속 빈 놈처럼 헐렁하게 아이들을 대할 수 있게 된다.

난 전생에 분명 나무늘보였을 거다. 아니면 곰탱이거나. 하여튼 사람은 아니었던 것 같다.

떠올려 보면 소위 '있는 집' 사람들은 교양 있고 차분하다. 항상 긍정적이고 개방적이며 좋은 냄새도 폴폴 나고 귀티도 쫄쫄 난다. 옆에 있으면 나도 덩달아 품위 있어지는 것 같아 절로 차분해지고 기가 폭 죽어 얌전해진다. '곳간에서 인심 난다'고 가진 사람들이 베풀 줄도 안다. 봉사활동도 많이 한다.

반면 민중은 제 잇속만 차리고 거칠고 싸가지 없으며 대책 없이 사고나 치고 구질구질하다. 한 마디로 이가 갈린다. 그런데 민중이 뭐가 위대하다는 말인가, 어찌 가난하고 무지몽매한 민중이 역사의 물줄기에서는 항상 옳다는 말인가. 대학 다닐 때부터 민중이 역사의 주인이라는 소리는 귀에 못이 박히도록 들어도 정작 그 의미를 제대로 알 수 없었다.

하지만 요사이 한 번씩 낯선 깨우침이 스쳤다. 내 스스로 마냥 별 볼일 없어지고, 한민족 대표 민중인 '꽃제비' 아이들과 맨날 「스타크래프트」나 하면서 살다 보니 이제야 선뜻선뜻 알 것 같기도 하면서 모르기도 하는 것이 좀 거시기해진다.

민중이 위대한 이유는 가진 것이 없어서다. 가진 것이 없기에 '사고'를 치지 않는다. 사고를 쳐도 맨날 지지고 볶고 싸우는 정도만 친다. '박통'이나 '전통'처럼 나라를 훔친다거나 장영자처럼 경제를 거덜 내는 큰 도적질은 하지 않는다. 아니, 하고 싶어도 못 한다. 단순무식하기에 오히려 진리에 가까울 수 있느 것이다. 항상 아쉽기에 작은 것만 받아도 입이 헤벌레 하니 만족할 줄 안다. 의리가 있다. 사람 사는 정을 낼 줄 안다. 그악스럽지만 잔인하지는 않다. 이게 다 쥐뿔도 없어서다. 없기에 가능한 것이다.

탈북청소년 문제로 껍죽거리고 살다보니 소위 '있는 것들' 사고 치는 모습을 자주 본다. 참 가관이다. 북조선 주민들이 굶어 죽어가니 구호식량을 보내야 한다니까 안 된단다. 군량미로 쓰일 수 있고 김정일 정권을 연장시키는 결과가 나올 거란다. 소말리아나 에티오피아에는 보내도 북한은 안 된다는 논리가 어떻게 발생되는 걸까? 남한에 남는 '쌀', 어차피 통일하고 같이 '살' 동포에게 좀 퍼주면, 백 번 양보해서 군량미로 가게 된다고 치자. 그러면 원래 군량미로 갈 쌀이 주민들에게 가지 않겠는가 말이다. 인민군이라고 해봤자 다 북조선 주민들의 아들이고 형이고 오빠인데 그게 어디로 간단 말일까. 부모 형제 굶어 죽어가는데도 쌀이면 무조건 군량미로 쌓아 놓는다고? 진짜 그러면 나 같아도 폭동을 일으켜 김정일 목을 따버리겠다. 체제 전복이 더 빨라지지 않겠는가 말이다.

예수님도 배고픈 사람에게는 빵을 주며 설교하셨다는데, 굶겨 죽여 놓고 어찌 통일을 꿈꾼다는 말인가. 영화 「쉬리」에서 최민식이 연기한 인민군 장교 박무영의 절규를 들었을 때, 가슴이 철렁했다. 그 배신감과 한을 나중에 어찌 감당하려고 그럴까 싶다. 우리 애들도 싸울 때 보면, 한창 거칠게 다투다가도 밥 때 되면 밥 먹고 싸우자고 같이 밥 먹으러 가는데 어찌 그 단순한 논리를 모를까. 부귀·권력·명예·사명감이든, 뭐라도 손에 움켜쥐고 있으면 눈이 흐려지는 건 어쩔 수 없는가보다.

우리 아이들 취재하러 오는 기자나 논문 쓴다고 현장조사하러 나온 교수나 연구원 같은 '먹물'들을 봐도 똑같다. 순진한 애들 살살 꼬드겨 기어이 꼭 한 멘트 따고야 만다.

"너 진짜 사람 고기 먹어 봤니?"
"한족에게 팔려 가서 어떻게 됐어?"
"낙태도 했어? 몇 번?"
"엄마는 잡혀서 죽었겠네. 안됐다 얘, 불쌍해서 어쩌니!"
"남한에 오니 뭐가 제일 좋아? 에버랜드 가봤니? 조오치?"

멀리서 가만 듣고 있노라면 속에 불이 난다. 나는 함께 살아도 차마 묻기는커녕 얼핏 비슷한 얘기만 나와도 화제를 돌리는데, 거리낌 없이 물어제낀다. 타인의 말 못할 고통이 왜 궁금할까? 그 아픔 듣고도 뒷감당이 되는가? 정말 이상한 족속들이 많다. 자신들은 그렇게 휑하니 와서 필요한 것만 챙겨가지만, 애들은 그때부터 제정신이 아니다. 화려한 남한 문화에 취해 잠시 잊고 있던 고향 산천, 부모, 형제 다 떠오른다. 굶어죽은 동생과 중국에 두고 온 자식 새끼가 눈앞에 어른거린다. 그런 날이면 항상 저녁도 안 먹고 혼자서 궁싯거리다가 어디서 술 처먹고 들어와 칼 휘두르며 죽겠다고 난리 친다. 엉엉 울고 토하고 병 깨고 엉켜 싸우고 전원선 죄다 뽑아 놓고…. 밖에서 좀 다하고 오지, 꼭 집까지 기어 들어와서는 그 난리를 피운다. 징그럽다.

애들이 평소에는 절대 사진 못 찍네, 인터뷰 안 하네 해도 막상 누가 찾아와 이런저런 일 물어보면 술술 분다. 한 번 발동이 걸리면 자기 얘기에 취해 겪지도 않은 일까지 잔뜩 부풀려 그야말로 '풀 서비스'를 제공한다. 정이 그리운지 자기에게 관심 가지는 사람에게는 금세 흐물흐물해지는 것이다. 그렇게 죄다 불어 놓고는, 또 앞으로 형·누나 하자며 나한테는 한 번도 보이지 않던 살가운 표정으로 배시시 웃으며 사진도 찍어 놓고는, 나중에 신문이나 TV에 자기 얼굴이 나오면 나 보고 생 지랄 발광이다. 남조선 방송에 얼굴이 나왔으니 보위부에서 보고 북조선에 남아있는 가족들 다 죽이게 생겼는데 선생이라는 게 말리지도 않았단다. 내가 사주했단다. 그러더니 나보고 "섣달보지 개간나"란다. 가만 듣고 있자면 끓는다. 진짜 머리 꼭대기에서 증기가 나는데 금세 축축해진다. 이럴 때 방법은 하나, 제풀에 지쳐 잘 때까지 참아야 한다. 상종을 안 해주면 잠시 뒤 퍼질러 잔다.

북한산에서 또 '나무늘보' 하며 「강아지똥」을 쓴 권정생 선생님 글을 봤다. 예수님이 만약 다시 오신다면, "화려한 옷을 입고 고급 주택에 살면서 고급 승용차에 경호원을 데리고 나타나 가난한 사람들에게 몇백만 원씩 나눠주지는 않을" 거라 하신다. 자선가도 혁명가도 예언자도 아니라 가장 소박한 인간으로 우리 곁에서 그냥 함께 가난하게 살아주실 거라 하신다. 가난한 자에게 필요한 것은 그 가난한 자 곁에서 함께 가난해지는 것뿐이라 하신다. 그게 위로란다. 마음이 벅차올라 소리 내어 잉잉 울었다. 우니까 목마른 경험도 처음으로 해봤다. 눈물도 역시 물이었다. 여지껏 그걸 모르고 살았다.

권정생 선생님은 안동 일직면의 작은 마을에서 살았다. 일직교회 문간방에 살며 종지기를 했고 밤에 너무 추워 떨다보면 새앙쥐가 이불 속에 들어와 발가락을 깨물었지만, 쫓지 않고 같이 잤다고 한다. 그분은 너무 가난한데다 평생 오줌통을 지니고 살아야 하는 고질병을 안고도 글 읽기와 동화책 쓰기를 쉬지 않았다.

나중에 동화책 인세가 늘어났지만 선생님은 스스로 가난하게 살다가, 남은 돈 전액을 북조선 굶주리는 아이들에게 전해달라는 유언을 남기고 하늘나라로 갔다. 선생님 소원이, 다시 태어나면 건강한 몸으로 나고 싶다고 했다. 건강한 몸으로 일찍 결혼해서 아이들 많이 낳고 살아 보고 싶다고 했다.

누구나 공감하는 가장 맑은 글이 가난과 외로움 속에서 영글었다. 나도 그리 살아보마고 다짐했다.

민중은 위대하다. 위대한 게 있어서 위대한 것이 아니라 가진 것 하나도 없기에 위대하다. 사고 못 쳐서 위대하다. 『성경』 말씀에 가진 것 있는 사람이 천국 가기는 낙타가 바늘귀 통과하는 것보다 어렵다고 했다. 그러고 보면 나도 꽤나 많이 가졌다. 나 같이 좀 가진 놈은 어떻게 할까 고민해본다. 가짐을 의식적으로 거부할 수만 있다면, 가난을 선택할 수 있다면, 설사 가졌더라도 이웃과 나눌 수 있다면 민중이 아닐까. 원래 없는 민중과 함께라면 낙타 몰고 바늘귀 통과하는 기적도 생기리라.

'나무늘보' 하다 보니 별별 잡생각이 다 든다. 오늘 오른 나무가 필시 예전에 서낭신 나무였는가 보다. 영빨 오르는 걸 보면.

차라리 조선 살 때가
더 좋았슴다

정철이 생일이었다. 올 겨울 중 오늘이 제일 추운 날이라는데, 옷 입고 있는 꼬락서니가 가을 옷이다. 얼마 전 부모님이 이혼을 해서 그런지 겨울옷을 챙겨 입지 못했나 보다. 동무들과 돈을 모아 털 달린 두툼한 외투 하나 샀다. 부끄러워 하며 옷 입는 걸 보니 이제서야 마음이 편하다.

밤에 정철이랑 동무 몇 놈이랑 맥주 한 캔씩 했다. 내가 정철이에게 슬며시 부모님 이혼 소식 들었다고, 너무 상심하지 말라고 위로하는데 옆에 있던 창수가 정철이 부모님은 부부 금슬 좋기로 하나원에서도 유명했다고 끼어든다. 그제서야 정철이가 울먹이면서 말했다.

"형도 오고 할마이도 남한에 왔는데… 차라리 조선 살 때가 더 좋았슴다."

마음이 찡하다.

정철이네처럼 남한에 와서 이혼하는 탈북민 부부들이 적지 않다. 죽을 고생 거치는 탈북 과정 동안 가족에 대한 사랑 하나로 그 고비 다 넘었는데, 막상 남한에 와서 제대로 살려고 하니 그 가정이 깨지는 것이다. 이는 전 세계 난민 문제에서 공통적으로 나타나는 현상이다. 이질적인 환경에서는 보통 남자보다 여자들이 적응을 더 잘하는데 적응속도의 차이에 따른 남녀 역할 관계의 변화로 이러한 일들이 빈번하다.

가부장적인 북조선 사회에서는 가난해도 남자가 대접받고 살았는데, 남한의 경쟁 사회 속에서 탈북민 성인 남자가 할 수 있는 일은 극히 드물다. 가장으로서의 책임과 부담은 커졌지만 현실이 받쳐주지 못하게 된다. 그래도 여자들은 파출부나 공장 일을 쉽게 구할 수 있기 때문에 대개 남한에서 아내는 일하고 남편은 노는 식으로 부부 관계의 역할이 뒤바뀌게 되는 것이다. 그 속에서 남자들은 자존심에 심각한 상처를 받는다. 그러면 남조선 와서 아내와 자식들 다 버려놨다고 화를 내고, 예전의 버릇대로 술주정에 구타를 일삼게 된다. 하지만 탈북민 여자들도 남한에 와서는 예전처럼 맞고만 살지 않는다. 대들고 싸우다 결국 이혼까지 가는 것이다. 탈북청소년 중에서 멀쩡한 가정에서 생활하는 경우는 드물다. 부모가 있고 친척이 있어도 시간이 지나면 다 고아 아닌 고아로 떠돈다. 혼자 살거나 그런 동무들끼리 모여 살게 된다.

많은 탈북민들이 남한에 온 것을 후회하며 고향을 그리워하지만, 이미 돌이킬 수 없다. 다시 북조선으로 갈 수도 없기 때문이다. 고향에서는 조국을 등진 배신자 취급받고 남한에서는 쓸모없는 무능력자로 낙인찍히는 존재가 바로 탈북자들이다. 비극이다. 시대가 만든 아픔이다.

남한과
북조선

  가끔 강연 요청을 받는다. 북한과 탈북청소년 이야기를 들려달라는 것
이다. 주로 청소년 단체나 교사 연수, 교육기관의 통일 교육 시간이다. 몇
번 가보니 궁금해 하는 이야기가 대개 비슷하다. 북한과 남한이 얼마나
다른지, 북한이 기아 문제로 얼마 만큼 고통을 받았는지, 진짜 사람 고기
를 먹는지, 탈북청소년이 남한 사회에서 얼마나 힘들게 살고 어떤 사고를
치는지, 뭘 어떻게 도와주면 되는지 등등이다.

  처음 몇 번은 궁금해 하는 부분을 중심으로 얘기했다. 우리 아이들에게
듣고 내가 탈북청소년들을 접하면서 겪은 어려움을 실제 사례를 들어 설
명해 주면 반응은 대개 '놀랍다, 북한 정권 나쁜 놈들이다, 불쌍하다, 빨
리 통일해야지!'로 모아진다. 하지만 시간이 지날수록 나의 이러한 말들
이 오히려 북조선과 탈북청소년들에 대한 부정적인 이미지를 강화시키는
역할을 한다는 걸 깨닫게 되었다.

실제 겪은 아픔을 상세히 소개하면 이해하는 폭을 좀 더 넓힐 수 있으리라는 기대는 어리석었다. 오히려 내가 마치 북조선과 우리 아이들의 고통을 이용하여 남한 사람들의 값싼 동정과 상대적인 우월감을 충족시켜 주는 게 아닌가 하는 자괴감이 들었다. 타인의 고통을 이야기하면서 그것이 우리의 영혼을 울리고 삶을 변화시킬 수 있는 가능성의 메시지는 빼먹고, 좀 더 자극적인 것을 찾는 관음증적인 욕구만을 충족시키는 사이비 어용 반공 부흥회 강사 같았다.

오랜 고민 속에서 전략을 바꿨다. 아픔은 상세히 전하되 그것의 전제로 북조선과 통일을 바라보는 기본 시각과, 다름을 구별 짓는 일방적 기준의 문제점들을 같이 지적해야만 고통의 의미를 제대로 전달할 수 있다는 결론 덕분이었다.

강연을 시작하면 질문부터 던진다.

"북한 청소년과 남한 청소년 중에서 누가 더 싸가지가 없을까요?"

북한이다, 남한이다, 비슷하다 등등 의견이 분분하다.

"청소년 때는 원래 싸가지가 없습니다. 청소년이 싸가지가 있길 바라는 그 어른이야말로 진짜 싸가지가 없는 겁니다. 그럼 북한 선생과 남한 선생 중에서는 어떨까요?"

한 번 당해봐서 그런지 여기저기서 "선생은 원래 싸가지 없어요!" 하며 웃는다.

"뭐 그것도 사실이지만, 어디든 좋은 선생님도 있고 싸가지 없는 선생님도 있는 거지요. 북조선이든 남한이든 사람 사는 곳입니다. 별로 다르지 않아요."

다음으로 한반도 지도를 그린다.

"우리나라의 공식명칭은 대한민국입니다. 또 북은 조선민주주의인민공화국이라고 합니다. 대한민국에서는 '남한-북한'이라고 하고, 조선민주주의인민공화국에서는 '북조선-남조선'이라고 합니다. 남북 회담할 때 보면 서로 자기들 마음대로 상대방을 부릅니다. 괜한 자존심 싸움이지요. 보이지 않는 전쟁입니다. 그러면 어떻게 부르는 것이 가장 공평하면서 서로를 존중하는 걸까요?"

그리고 '남한-북조선'이란 답을 이끌어 낼 때까지 계속 물어본다. 그러면서 흡수통일도 적화통일도 잘못된 것이고 현실적으로 불가능하다면, 말 한 마디부터 상대방을 존중하는 것이 바로 진정한 평화통일의 시작이라며 이후로는 '남한-북조선'이라 부르자고 제안한다.

이 얘기가 나올 즈음이면, 강연장은 항상 묘한 긴장감과 어색한 웃음, 그리고 주최 측의 당혹스런 표정이 '짬뽕'된다. 하지만 아직까지 마이크 꺼지고 겨난 적은 없다. 우리 사회에서 '마이크 쥔 놈'의 권위를 실감하는 순간이다.

강연 시간 동안 할 얘기 다 한다. 보통 미국의 악행과 북조선에 보낸 식량이 군량미가 된다고 호들갑 떠는 보수 언론의 문제까지 나아간다. 우리 아이들 고통에 대한 이야기와 사진, 가슴 찡한 글을 보는 댓가로 적어도 이 정도의 '불편한' 소리는 들어야 한다는 것이 내 생각이다.

물론 내 생각이다, 내 고집이고. 그 대가 또한 내 몫이다.

하나원, 통일교육원, 종교단체, 교육기관의 순으로 점점 강사 자리에서 잘려 나갔다. 타격이 좀 있지만 그래도 담담했다. 입 막히면 글 쓰면 되고, 글 막히면 안 쓰면 된다. 다만 정신은 항상 살아있길 바란다.

무장탈영
꽃제비

늘푸른학교에는 다 큰 여자아이들이 있으니 머슴애들이 가끔 찾아온다. 주로 밖에서 만나는 눈치지만 집 근처에서도 자주 마주친다. 그러면 괜시리 내가 죄지은 것처럼 쑥스러워진다. 나도 미혼이고 젊은데, 내 입장이 마치 과년한 딸년 감시하는 '꼰대' 같아서다.

같은 북조선 출신 남자애인 경우가 대부분이지만 능력 좋게 남한 남친인 경우도 있다. 심지어 대성공사 직원도 따라다닌다. 취조하다 정 들었다나. 내 참! 아무튼 내 입장에서는 잘해주려고 노력한다. 여자 남자 만나서 좋아하는 게 뭔 대수랴. 그냥 예쁘게 보고 싶다. 해서 불러서 식사도 하고 술도 한 잔 하고 보낸다.

한 번은 눈치를 보니 여자아이를 만나러 온 놈인데, 자신을 탈북청소년을 칭하는 은어인 '까마귀'라고 부르며 늘푸른학교에 대해 알고 싶다고

'꽝포 쏘며' 찾아온 놈이 있었다. 겸사겸사 마당에서 삼겹살을 구웠다. 소주 한 잔 걸치며 이런 저런 이야기를 나누는데, 녀석이 참 재밌다. 예전에 부시 미국 대통령 방문 직전에 도라산역 부근으로 총 들고 월남한 바로 그 '괴뢰군'이었다. 술이 몇 잔 들어가자 자연스레 '군바리 특유의 구라'가 튀어 나온다.

자기는 휴전선에서 대남방송요원이었단다. 월남을 결심하고 수개월 전부터 지뢰밭 위치와 순찰 시간을 조사했다고 한다. 마침 기회를 얻어 새벽에 휴전선을 넘어 남한 경계 초소에 다다랐다. 그런데 문을 가만히 열어보니, 경계병들이 다 자고 있더란다. 그 모습을 보고는 '아, 남조선 괴뢰군들도 우리 인민 군대처럼 다 자는구나!' 싶어 안도가 되더란다. 그러면서 곤히 자는 사람들을 차마 깨우기 미안해 한참 문 앞에 그냥 뻘쭘히 서 있었다 한다. '어쩔까, 넘어갔다 내일 다시 올까' 하고 고민하다 용기를 내어 다시 문기척을 하고 들어갔단다.

"저, 죄송한데 북에서 왔습다."

그제야 남한 군인들 얼굴이 새파래지더니, 화들짝 놀라 총 뽑고 비상 걸고 난리를 치더라는 것이다. 안 그래도 미안해 죽겠는데 놀라 허둥대는 모습을 보니 더 미안해서 혼났단다. 그 후 조사를 받는데 대남방송할 때 쌍욕한 것과 부시 오기 이틀 전에 휴전선으로 왔다고, 왜 하필 그때 오냐고 엄청 욕먹었단다. 나는 웃으며 말했다.

"야, 니들은 그럼 경계 설 때 싸그리 북쪽 보고 서겠네? 남한 군바리들도 다 남쪽 보고 보초 선다. 선임하사 올라오는가 감시할라꼬."

역시 군대 얘기는 남북 어디나 재밌다. '군바리 뻥'이야 알지만, 그래도 남북 군인이 비슷한 점은 있는 듯하다. 뉴스에 나오는 무시무시한 살인병기 같은 이미지보다, 의외로 따스하고 게으르고 한심한 인민군의 모습을 많이 알 수 있었다. 하기사 예전에 금강산에 갔을 때 보니까 말이 군인이지 하나같이 내가 가르치던 하나둘학교 아이들 같아 안쓰러울 지경이었다.

인민군도 사람이고 간첩도 사람이다. 북조선 사람은 다 테러리스트고 핵폭탄인 줄 아는데, 아니다. 사람이다. 우리처럼 어설프고 한심할 때도 있는 사람이다. 남한 사람들은 그걸 자주 잊는 것 같다.

북조선
동물 잡는 이야기

애들이 하는 말이, 북조선에서는 사람이 쥐집을 털어 먹는다 한다. 먹을 것이 귀해지는 겨울이면 사람들이 쥐구멍을 파서 쥐가 저장해둔 겨울 식량을 뒤져 먹는데, 잘 파면 한 자루도 나온단다. 쥐집 털림 당한 쥐 기분이 어떨까? 황당하겠지. '뭐 이런 인간들이 다 있냐!' 싶을 거다. '탈북 쥐'도 대량으로 나오겠다.

아이들이 강 포구에서 음식 찌꺼기를 먹고사는 물고기를 보더니 놀라면서 "이 남조선에는 물고기도 살이 올랐소" 하고 투덜거린다. 북조선에는 먹을 게 없어 산짐승이든 물고기든 다 빼빼 말랐단다. 아무리 그래도 어찌 그런가 싶어 연신 물어봐도 진짜라고 우긴다. 또 북조선에서는 개가 강냉이 밭에서 강냉이를 뜯어 먹는단다. 개도 너무 배가 고프면 식성이 변하는가 보다.

아이들이 북조선에서 동물 잡는 얘기는 너무 웃기고 신기해서 "진짜로!", "우와!" 하며 감탄을 연발하며 들었다.

꿩이란 놈은 본시 높은 소리를 매우 싫어해서 꿩 잡을 때는 여럿이서 꽹과리를 치고 호루라기를 불면서 쫓는단다. 그러면 꿩이 하늘을 날다가도 그 소리가 듣기 싫어 내리꽂혀서는 땅바닥에 머리만 파묻는데, 몸통 내놓고 땅에 머리 박고 바둥거리는 '머저리'를 망태기에 주워 담으면 끝이란다.

돼지는 원체 미련한 놈이라 잡는 건 일도 아니란다. 낯선 사람을 보면 처음에는 꽥꽥거리며 경계를 하는데, 배를 슬슬 긁어주면 금세 바닥에 드러누워 좋다고 골골거린다는 것이다. 그때 부탄가스 라이터 두 개를 돼지 코에다 대고 가스를 먹인단다. 그러면 놈이 마취되어 축 늘어지는데, 둘이서 막대에 메어 들고 나오면 된단다.

닭 잡는 얘기는 우리랑 비슷했다. 낟알을 일렬로 뿌려놓고 인적이 드문 곳으로 유인을 한단다. 놈이 정신없이 먹고 있을 때 냉큼 잡아서 바로 모가지를 한 바퀴 돌리거나 바늘로 이마를 찌르면 "그냥 썩어짐다" 한다.

개 잡는 데는 낚시가 최고란다. 낚시 바늘에 먹을 것을 달아 개에게 던지면 덥썩 물다가 바늘이 목에 걸린다는 것이다. 목 찔린 개는 소리도 못 내고 켕켕거리며 끌려오는데, 그때 몽둥이로 한 방에!

참새를 잡기 위해선 우선 커다란 널판지에 줄을 연결하고 그 위에 돌을 얹은 걸 막대기를 세워 괸다. 그 밑에 낟알을 뿌려 놓는다. 참새들이 정신없이 곡식을 쪼고 있을 때 줄을 확 잡아 당겨 돌을 떨어뜨려 압사시키면 된단다. 또는 깊은 밤 낟가리 속이나 헛간으로 접근해서 갑자기 손전등을 확 켜면 참새들이 놀라서 옴짝달싹 못하고 버둥거리는데, 그때 한 마리씩 자루에 담은 다음 바닥에 두어 번 패대기치면 몰살이란다.

시네마
천국

아이들은 영화 보는 것을 몹시 즐긴다. 요즘 아이들 중에 영화 싫어하는 이 누가 있겠냐마는, 특히 탈북청소년들과 영화를 보는 것은 내게 색다른 즐거움이다. 최소 한 달에 한 번 이상은 아이들과 극장을 찾았던 것 같다. 「말죽거리 잔혹사」는 극장에서만 내리 세 번을 봤다. 덕분에 난 CGV의 VIP 회원이다.

아이들은 영화를 보며 공부도 한다. 색다른 '남조선' 자본주의 문화의 많은 것들을 영화를 통해 익히곤 하는 것이다. 같이 영화를 보러 가면 자연스레 내가 중간에 앉고 아이들이 양 옆에 둘러앉는다. 그러면서 상영시간 내내 별별 것을 다 물어봐서 나의 영화 감상을 방해한다. 남한 사람들에게는 당연한 장면들도 때때로 이해를 못하며 "저건 뭐기쇼?" 하며 질문을 하곤 한다. "그건 이리저리해서 그런 거야" 하면서 설명을 해주면, 뒤늦게 "와하하" 하고 웃어 주위 사람들 보기 민망한 적도 여러 번이다.

문화란 것도 보편적인 인간의 본능이 아니라 학습되며 진화하는 것임이 분명하다. 아이들은 처음에는 「쥬라기 공원」이나 「딥 임팩트」, 「아마겟돈」 같은 영화를 도무지 이해하지 못했다. 과학적 상식이 부족한 탓도 있지만 헐리우드 상업영화를 감상하는 공식에 익숙하지 않은 듯했다. 「쥬라기 공원」의 경우 공룡 피를 빨아먹은 화석 모기의 DNA를 추출해 되살린다는 것을 이해하지 못하니, 그 재미있는 영화를 보면서도 공룡 소리 '어르릉'거릴 때만 깨고 대부분은 졸았다. 「식스 센스」나 「디 아더스」의 극적인 반전도 아이들에게는 무용지물이었다. '하나도' 아니 놀라며 "아 시름이 난다야!" 하며 심드렁해 하는 것이다.

그래도 코미디나 액션에 대한 반응은 뜨겁다. 이소룡과 성룡, 그리고 찰리 채플린, 애니메이션 「톰과 제리」는 '체제'를 뛰어넘어 사랑을 받는다. 참 대단하다. 아이들과 가장 떠들썩하게 웃으며 본 영화는 「조폭마누라」였다. 순철이는 너무 웃다가 극장 의자에서 굴러 넘어졌고, 창수는 웃다웃다 나중에는 배가 아파서 울었다.

남 일 같지 않은 영화도 있다. 「케스트 어웨이」나 「터미널」이 그것이다. 모진 운명의 장난으로 무인도나 공항에 내동댕이쳐진 채 꽃제비 치며 살아가는 모습이 자신들의 처지와 비슷해서 그러는가 보다. 흐뭇하고 느긋한 표정으로 마치 자기는 그런 생활을 다 안다는 듯 '피실피실' 웃으며 본다. 「가족」은 여자아이들에게 눈물 제조기다. 눈이 퉁퉁 부어 극장을 나선다.

아이들이 제일 싫어하는 영화는 「파이란」이다. 홍콩 배우 장백지가 나온다고 좋아들 보는데, 금세 얼굴이 '파아-래'진다.

「공동경비구역 JSA」은 아주 특별한 영화다. 영화에 흠뻑 빠져든다. 중간에 어색한 북조선 말투의 대사가 나올 때면 다들 까르르 웃는다. 이병헌이 연기한 이수혁 병장이 지뢰 밟고서 "살려주세요" 하는 장면에선 "저저, 머저리 괴뢰군 보오!" 하며 한심해 한다. 그러다 송강호가 연기한 오경필 중사가 씹던 초코파이를 뱉고서 "내 소원은 우리 공화국에서도 이런 맛있는 과자를 만드는 거이야" 하는 장면과, 끝에서 이수혁의 말을 가로막으며 "조선민주주의인민공화국 만세! 경애하는 지도자 동무 만세!"를 외치는 장면이 나올 때면 일순간 긴장하며 민망해 한다. 조국을 등지고 나온 '배신자'란 자격지심 때문이리라. 그리고 마지막에 등장인물들의 비극적인 운명을 보면서 구슬피 목놓아 운다.

우리 아이들처럼 영화를 뜨겁게 보는 이들도 없을 것이다. 어느 글에서 현실의 고난이 깊을수록 꿈을 꾼다고 했다. 영화가 꿈 아닌가! 사람은 꿈꾸지 않으면 살 수 없나 보다.

강남
살아요

렌트카 회사에 다니는 스물여섯 살 수혁이를 만나면 좀 당혹스럽다.

"니 요즘 어데 사노?"

"예 선생님, 저 강남 살아요.

"강남 어데?"

"일원동요."

"아 그래, 좋은 데 사는구나!"

한두 번도 아니고 물을 때마다 그런다. 남한에서 '강남'이라면 '한강 남쪽 전부'가 아니고 보통 방배동, 청담동, 압구정동 등 소위 잘 사는 사람들이 사는 특정 지역을 가리키는 말이라고, 일원동 영구임대주택은 그 강남에 해당이 안 된다고 알려주고 싶지만 참았다. 무안해 할까 봐.

또 녀석은 탈북청소년끼리 모이는 모임에 나타날라치면 항상 검은 그랜저를 타고 검은색 선그라스를 쓴 채 나타나 여자아이들의 마음을 흔들어 놓는다. 그런데 차 번호판이 '허' 자로 시작되는 걸로 봐서 렌트카임이 분명한데도 시치미를 뗀다. 내용을 아는 내가 그 꿈을 깨는 짓은 너무 잔인한 것 같아 "히야, 수혁이 정착 대따 잘했구나!" 하고 띄워준다.

수혁이 마음이 보인다. 맺힌 것이 많아서 그러리라. 탈북자라고 멸시와 천대만 받고 살았는데 사람들에게 강남 산다고 말할 때면 잠시 움찔하며 부러워 하는 시선에 얼마나 황홀했을까. 그 뿌듯함에 힘 얻고, 나도 한 번 삐까번쩍하게 잘 살아 보겠다는 용기 내는 것 아닌가! 그 정도 사기詐欺는 사기도 아니다. 사기仕記 진작용이니까 괜찮다고 본다.

어설프지만 그래도 하나둘씩 꿈도 꾸고 이뤄가는 모습이 대견하다. 이 험한 남한 땅에서 깨어지고 밟힐 일 얼마나 많을까만은, 그렇게라도 버티고 살아주는 것이 그저 고맙고 대견하다. 놈도 내 마음을 아는지 억울하고 분통터지는 일 생길 때마다 찾아와 하소연하다 간다.
"마쌤, 다음엔 어디 강남에 물 좋은데서 함 모시겠슴다."
"하이고, 강남에 물 좋은 데도 있나?"
언제 수혁이 데리고 동강이나 제천간디학교에 한 번 다녀와야겠다. 거기가 한강 남쪽에서 제일 물 좋은 곳 아닌가.

만나고 가르치다: 남한 속 탈북청소년 (2003~2005)

부천 원미구 주공아파트, 서울 양천구 학마을 등 탈북청소년이 배정받은 영구임대

주택에서 함께 살았다. 혼자 사는 주변 아이들이 몰려와 자연스레 대식구가 되었다.

이 기간 동안 한양대학교 대학원에 다니며 문화인류학을 공부하고 논문 「탈북청소년

의 특성과 남한 사회의 편견」을 썼다. 이번 장에 실린 대부분의 글은 논문의 글을 다

시 정리한 것이다.

바람이 불면 바람보다 먼저 눕고 먼저 일어서는 풀처럼
민중은 스스로 삶을 개척한다.
척박한 삶을 살아내며 꿈을 꾼다.

칫솔 색깔만
변한다

"눈이 딱 감겨요."

하나원을 퇴소하여 한국 사회에 첫발을 들여놓은 탈북청소년의 막막한 심정을 나타내는 말이다. 두려움과 설레임으로 하나원의 문을 나서는 아이들이 가장 먼저 마주하는 현실은 영구임대주택의 퀘퀘한 곰팡이 냄새다. 배정받은 집을 미리 손볼 여유도 없이 하나원에서 받은 세간을 잔뜩 지고 담당 형사의 안내로 처음 찾아가는 곳이기 때문이다. 요행히 미리 온 친족이 있거나 새집을 배정받거나 행여 마음씨 좋은 이웃이라도 있는 경우는 아니겠지만, 대부분의 경우는 미리 살다 간 사람이 짐을 뺀 모양 그대로의 아파트로 들어간다.

황망한 마음을 가다듬고 대충이라도 청소하고 나면 새벽이다. 한국 사회 첫 보금자리에서의 어설픈 잠을 청할라 치면 눈물이 죽죽 흐른다고 한다.

그러나 하나원을 퇴소하고 혼자 생활하는 탈북청소년의 집에 가본 남한 사람들은 놀란다. 우선 스무 살 내외의 어린 나이에 서울에 '자기' 집이 있다는 사실에 놀라고, TV, 냉장고, 비디오, 컴퓨터, 진공청소기 등 새 가전제품들이 갖춰진 모습에 놀란다. 또 한 번씩 눈에 확 띄는 고가의 제품, 즉 벽걸이형 TV나 백만 원짜리 정수기 등을 보고 눈이 휘둥그레 뜨기도 한다. 밥솥도 쿠쿠다. 이 때문에 격려 차 위로 방문이나 교회에서 신방 온 사람들은 '자기들보다 잘 산다'며 지원을 끊는 경우가 간혹 생긴다. 어떤 교수는 이 '광경'을 보고 나서 탈북자들이 분수를 모르니, 정착금을 줄여야 되니 하며 호들갑을 떨기도 했다.

하지만 잘 들여다 보면 사정은 달라진다. 정착금 받아 처음 구입하는 물건이니 대부분이 새것인 것은 당연하다. 또 아직 상품에 대한 분별력이 없을 때 무턱대고 광고에 나온 제품을 고르다보니, 일부는 실수로 최고급 상품을 고르기도 한다. 더구나 탈북민 중 '피라미드'에 가입한 사람이 꽤 있어 이들이 떠다 넘긴 정수기와 건강 침대가 유행처럼 퍼져 있다.

또한 문제는 대부분이 거기서 '스톱'이라는 사실이다. 정착금 받아 처음 한 번 구입한 후 더 이상 재산이 늘어나지 않는다. 낡기만 할 뿐 하나도 바뀌지 않는다. 변하는 건 칫솔 색깔 뿐이다. 최고급 정수기는 필터교환을 안 하거나 못 해서 뿌연 물이 나오고, 밥그릇과 숟가락은 날이 갈수록 줄어든다. 용량을 초과해 빙산처럼 서 있는 냉장고 안에는 썩어가는 음식 찌꺼기와 함께 남북하나재단, 복지관에서 갖다 준 커다란 아이스박스에 가득한 김장 김치만 덩그러니 놓여 있다.

시간이 흐르니 모든 것이 초라해진다. 그만큼 흥분도 희망도 잦아든다.
남한에 정착한 탈북민 대부분의 현실이다.

아침

아침에 아이들을 깨운다. 창수는 대학 다니고 창길이는 공장에 일하러 가기 때문에 아침 7시에는 깨워 밥을 먹여 보내야 한다. 그런데 수년간 늦잠 자던 버릇 든 놈들이 꼭두새벽에 일어난다는 것이 여간 고역이 아닌 듯하다. 피곤해서 어쩔 줄을 모르는 것이다. 그런데도 신기한 것이 일어나라고 흔들면 화들짝 놀라 깨곤 한다. 잠 깨우는 내가 민망할 정도로 용수철처럼 벌떡 일어난다. 겨우 자리에 앉아서 꾸벅꾸벅 졸면서도 깨울 때면 항상 그런다. 대부분 사람들처럼 "5분만" 하며 게기지도 않는다.

보는 내 마음이 오히려 안쓰럽다. 같이 산다고는 하지만 한 가족처럼 편하지 않아 저러나 싶기도 하고, 예전에 무슨 험한 일들을 겪었기에 아직도 긴장하며 사는가 싶어서이다.

어느 치대 교수님께 들은 얘기다. 대학 시절 치대생 실습 때면 인근의 고아원을 찾아 무료 봉사 겸 실습을 했다 한다. 그때 고아원 아이들 울음이 특이했는데, "엉엉" 소리치며 '땡깡'을 부리는 아이는 하나도 없고 대개 조용히 눈물만 흘리거나 아주 작게 "잉잉"거리며 울더란다. 부모 없는 설움이 그 어린 나이에도 불구하고 소리 없는 울음을 흘리게 만드는 것이다. 모두들 참 측은하다.

아침 일찍 나가는 아이들 밥을 해주려는데 반찬이 변변찮다. 김치도 떨어진지 오래고 밑반찬도 거의 바닥났다. 더구나 오늘은 식은밥이다. 어제 아침 해둔 밥이 많이 남았기 때문이다. 별 수 없이 대충 긁어 모아 상을 차려보니 너무 초라했다.

해서 밥이라도 새 밥을 지어주려고 식은 밥을 버리려고 하는데 창길이가 말린다. 일 없다며 그냥 먹겠다고 한다. "전에는 보온밥통 안에서 70시간도 넘은 밥을 잘 먹었슴다" 하더니 "먹을 것 버리면 벌 받슴다"고 한다. 그러면서 식은 밥에 물 말아 잘 먹는다. 미안한 마음에 뻘쭘하니 서 있는 나를 보더니 "그래도 투덜이 오니까 몸이 난다야" 하며 위로의 말도 던졌다. 찡하고 짠하다.

가난한 집안 엄마들 눈빛은 대개 노루나 송아지를 닮았다. 찬이 변변찮은 식사를 차려 보내는 죄스러운 마음으로 매일 아침 잦아들기 때문일 것이다. 이제야 좀 알겠다.

그렇게 아이들이 측은하다가도 이내 괘씸해져서 싸울 일이 생긴다. 대학 다니는 창수놈이 며칠 내내 PC방에서 사는 것 같기에 단단히 버릇을 고쳐놓겠다고 앉혀 놓고 일장 연설을 하려는데, 자기는 PC방에 서너 시간밖에 있지 않았다고 오히려 대드는 것이다. 그리고 마음이 심란해서 동무 집을 돌아다녔다며, "두 발 달린 짐승이 어디든 못 가요?" 하며 바락바락 대든다. 내가 훈계하면 다소곳하게 들어줘야 모양새가 되는데, 상대방이 그리 나오니 숨이 턱 막히면서 할 말이 없어지는 것이다. 당황스럽기도 하고 섭섭하기도 해서 씩씩거리다 집을 나와 버렸다.

걷다가 가만 생각해 보니 모양새가 영 이상했다. 보통은 애들이 집을 나가야 정상인데, 다 큰 내가 집을 뛰쳐나온 것이다. 곰곰이 그 원인을 분석해 보니, 내가 이 나이 먹도록 집이 없어 애들한테 얹혀살기 때문인 것 같았다. 또 보통 가출이란 가족의 권력 구조에서 약자가 강자에게 심적 압박감을 줌으로서 원하는 바를 얻어내는 시위의 일종이다. 그러면 내가 돈도 없을 뿐더러 애들과의 '권력 관계'에서도 약자에 속한다는 것인데…. 생각할수록 짜증이 나는 것이다.

출가를 해도 시원찮을 나이에 가출이나 하다니! 참으로 허접한 인생이구나 싶어 뒷산에 웅크리고 앉아 궁싯거리고 있는데, 몹시 추웠다. 3월도 한참 지났는데 뭔 놈의 날씨가 초겨울 같다. 그렇다고 금방 다시 들어가는 것은 자존심이 허락하지를 않았다. 그래서 공원 벤치에 앉아 달달 떨면서 이 사단을 슬기롭게 극복할 묘안을 짜봤다.

하지만 도무지 방법이 없었다. 그리고 애들한테 쪽팔린 것도 문제지만 너무 추워서 얼어 죽을 것 같았다. 그때 마침 창수 형인 창길이 전화가 왔다. 어디냐고 어서 들어오라고, 화 풀라고 한다. 그래도 나잇살 더 먹은 형이 낫다. 못 이기는 척, 화난 척 표정 관리를 하면서 냉큼 들어와서는 내 방으로 쏙 들어가려는데, 이 새끼들이 뒤통수에다 대고 한 방 갈긴다.

"에이그, 삐돌이 저거 정착이 아니 됐어!"

게임 속에
인생이

    탈북청소년의 주된 취미는 게임인데, PC방에서 노는 수준이 아니라 아예 산다. 눈만 뜨면 PC방으로 달려간다. 이틀에 라면 하나로 때우면서도 PC방을 떠나지 못한다. 평상시는 퀭한 눈인데 게임할 때만 초롱초롱해진다. 앉았다 일어설 때면 휘청거리고 구역질도 한다. 게임중독이다. 2004년 추석에는 오전인데도 죄다 PC방에 모여 있는 것이다.

    왜 그렇게 "껨만 하냐?"고 물어보면 대답이 참 그럴듯하다.
    "왜냐믄, 딴 거 할 게 없으니까 껨이나 하지. 껨 속에 인생이 있슴다."
    마땅히 할 게 없다는 항변이다. 학교도 학원도 다 때려치웠고 아르바이트도 만만치 않고 마땅히 할 일도, 동무들도 별로 없으니 게임이나 한다는 것이다. 그리고 게임 속에서 현실에서 할 수 없었던 많은 것들이 충족된다고 한다. 아이들은 주로 온라인 게임인 「뮤」를 하는데 그 모습을 지켜

보면 이유를 알 수 있다. 그들은 그곳에서 모든 것을 실현한다. 친구도 얻고, 대화도 하고, 물건도 사고팔고, 조직도 만들고, 싸움도 한다. 현실의 탈북청소년들은 별 볼일 없는 '하류인생'에 불과하지만, 게임 속에서는 정반대다. 몇 년간 하루 온종일 하다 보니, 이미 「뮤」에서는 당할 자가 거의 없었다. 탈북청소년들이 주로 활동하는 어떤 길드는 너무 유명해, 그 길드의 일원임을 밝히면 "망치만 들고 가도 마검 든 놈들 싹 달아난다" 하며 으쓱거린다. 또 길드마스터를 하기에 "남한 놈들도 다 내게 굽신거린다"고 한다.

　게임을 통해 돈을 버는 아이들도 적지 않다. "내 아이템만 싹 팔면 이백만 원은 받는다"는 아이는 그간 별별 일 다 겪었단다. 화려한 '날개'에 '방패', '축', '마검'을 지니고 폼 재고 다녔는데, 어느 날 "스틸(사기) 당해 망치만 들고 나타나게 됐을 때" 인생의 쓴맛을 배웠단다. 게임 속에서 서로 꼬셔서 사기치고, 만나서 돈 거래하고, 조직 관리하고, 패싸움도 벌이면서 점차 자본주의 사회의 생리를 알게 되었단다. 그러니 게임이 아니라 인생 공부이며 유일한 즐거움이기에 매일 게임만 한다는 것이다.

또
광혁이

모처럼 느긋한 토요일 오전, 고시원에서 늦잠을 자는데 전화벨이 울린다. 받아보니 광혁이다.

"그냥 투돌쌤 잘 있나 해서요."

한 보름 전에도 비슷한 전화를 받았다. 외로운가, 무슨 일이 있는가 걱정되어 내일 보러 간다고 했더니, 좋아하면서 "기다리께요" 하고는 전화를 끊는다.

전화 끊고 자리에 앉고서야 후회가 밀려왔다. 요즘 내 상태가 누구 면회 갈 처지가 아닌데 선뜻 약속을 해버렸다. 잠결이라 무심코 실수한 것이다.

사람 만나는 것이 싫다. 우울증이 심해졌다. 꿈과 현실이 뒤죽박죽되어 꿈인지 실제인지 헷갈렸다. 찜질방에서 자다가 나도 모르게 옆 사람 목을 졸라 경찰이 출동한 일도 있었다. 나 자신을, 내 머리 속을 내가 믿지 못하겠다. 나 미쳤다. 며칠 전 큰 정신병원에 갔더니 '해리장애Dissociative Disorders'라나, 아무튼 정상이 아니란다. 수면검사 같은 각종 검사를 더 하자고 해서 청구서를 보니 팔십만 원이 넘었다. 갑자기 정신이 번쩍 들었다. 살기 힘들어 병에 걸렸는데, 그 돈 있으면 웰빙이나 하겠다 싶어 약이나 지어 달라고 했다. 주는 게 역시나 수면제. 그동안 모인 게 꽤 된다. 한 번에 털어먹으면 바로 요단강 건널 수 있겠다 싶으니 뿌듯했다. 내 재산 목록 1호다.

그저께는 한강에 갔다. 자살할 때는 으레 한강다리로 가는 것으로 알고 있어 갔는데, 지하철역에 내려 찾아가는 길이 너무 멀었다. 몇 번이고 길을 잘못 들어 헤맸다. 해서 한강다리는 안 나오고 자꾸 고수부지로 나오는 것이다, 짜증나게. 그리고 가까이에서 본 한강물은 너무 더러웠다.

한참만에 겨우 한강다리에 다다르니 진이 빠져 죽고 싶은 생각이 싹 가셨다. 역시 자본주의의 원리는 자살에도 적용된다. 재벌이나 정치인 들처럼 차 몰고 와서 난간에 세워두고는 바로 뛰어내려야 죽을 수도 있지, 나처럼 지하철을 이용하는 놈은 죽기에도 너무 불편하고 힘든 구조다.

아이들을 만나 얘기를 듣다 보면 나도 모르게 그 아픔이 저며 온다. 고통이 생명을 지니고 있는 것 같다. 살아서 스멀스멀 내게로 전염된다. 말한 마디 눈빛 하나가 잊히지 않고 마음 속 깊이 맺힌다. 가슴을 쥐어짜는 슬픔이, 아무 것도 못해주고 돌아오는 발걸음을 짓누른다. 목까지 차오는 허망함에 눈빛이 퀭해진다. 다정多情도 병病이라 했던가! 내 마음이 강하지 못해 남의 아픈 얘기 들어주다 스스로 허물어진다. 그래서 정신이 이상해지고 황폐해지는 것이다. 이게 내 정신병의 원인이다. 돈 내고 정신과 검사 안 해봐도 내 병을 내가 안다. 남의 아픔을 삭일 깜냥도 없으면서, 그동안 마치 예수나 되는 듯 잘난 체하다 된통 걸린 것이다. 주제 파악을 못한 탓이다.

광혁이가 왜 내게 연락했을까? 하나원 퇴소하고 근 2년 넘게 연락이 없었다. 잘 사는 줄로만 알았다. 나직이 말하는 광혁이 목소리가 마음에 걸렸다.

일요일 아침 일찍 의정부 가는 지하철을 탔다. 안산에서 의정부 망월사역까지 두 시간이다. 멀다.

오만 가지 자세로 자고 또 자고 일어났는데도 아직 혜화역이다. 그런데 계속 좀 달리지 또 선다.

한성대입구역. 포기했다.

드디어 망월사역 선재동자원을 찾았다. 광혁이 있는 곳이다. 남한에 와서 그렇게 그리던 아버지, 새엄마, 동생들과 함께 살게 됐는데, 부모가 또 이혼하고 아버지는 남한 사람에게 사기 당하는 바람에 이곳에 맡겨졌다. 참 기구한 놈이다.

운동장 저 멀리 광혁이가 보였다. 목발 짚고 볼 차고 있었다. 나를 보더니 부끄러워 하며 삐죽삐죽 웃는다. 주근깨며 눈망울이며 그대로였다. 앉아서 이런저런 얘기를 나누었다.

"여긴 자유가 없어요. 잘 때 북한 생각이 자꾸 나는데요, 거기선 자고 싶을 때 자고 먹고 싶을 때 먹고 했는 걸요.”

“새끼야, 그건 니가 꽃제비라서 그랬지.”

“쌤은 사는 게 어렵다고 자식을 이런 데 두겠어요?”

“응? 음, 사정이 있으면 그럴 수도 있지 뭐.”

“굶어도 같이 굶어야 가족이란 거예요.”

“TV에 아무 걱정 없이 잘 사는 집 애를 보면 나도 저렇게 살았음 해요.”

“맞다, 그자? 나도 졸라 부럽다, 히히.”

“그런데 쌤, 왜 다 큰 어른이 말할 때 자꾸 욕을 해요?”

“엥!?”

갑자기 숨이 턱 막히는 것이다. 가만 보니 이 자식이 순 서울말을 쓴다. 어른스러운 말도 자기가 다하고. 이게 아닌데 싶어 잠시 멍해 있다가, 확 달려들어 깔아 뭉게 놓고는 간지럼을 태웠다. 예전에도 광혁이는 간지럼만 태우면 오줌을 찔찔 쌌다. 그제서야 “투덜쌤, 나 죽소” 하고 목소리가 원래 북조선 톤으로 돌아오는 것이다. 이놈들은 이렇게 한 번씩 ‘뿌닥질’을 해줘야 잊어버린 ‘주체성(?)’이 회복된다. 그간의 경험으로 터득한 노하우다.

“광혁아, 여기 살기 힘들면 안산 다리공동체에 갈래? 거기 성남이도 있으니까 같이 몰래 담배 피면 되잖아.”

“내가 가면 여기 스님이 의리 없는 배신자라 그래요.”

그럼 어디 가서 예전처럼 짜장면이라도 먹자니까 자기는 목발 짚고는 돌아다니기 싫단다. 잘 있으라고 인사하고 헤어지는데, 놈이 그 발로 어린애들 세발 자전거를 타고는 운동장을 뱅뱅 돈다. 멀어지는 나한테는 눈길 한 번 안 준다. 나쁜 새끼!

안산으로 돌아오는 내내 후회했다. 괜히 갔다고. 나의 오지랖을 저주했다.

그 후 광혁이는 안산 다리공동체에서 살게 되었다. 그 광혁이에게 또 전화가 왔다.

"투돌쌤, 방학했는데 심심해 죽겠슴다. 우이씨, 낼 영화 보여줘요."

순간, 너무 고맙다는 생각이 들었다. 광혁이가 스스로 뭘 해 달라고 부탁한 것은 처음이기 때문이다. 식당에서 밥을 먹어도 자기가 먹고 싶은 것을 주문하기 보다, "아무 거나요"라고 하거나 권해주는 것을 그냥 먹곤 했다. 사람이 하고 싶은 것을 너무 못 해 보면 나중에는 자기가 뭘 원하는지도 모르게 된다고 한다. 쭈꾸제비 마냥 늘상 쳐져있는 게 안스러웠는데, 이젠 막 '앵기기' 시작한다. 또래의 애들처럼. 그런 뻔뻔함이 눈물 나게 이쁘고 고마운 것이다.

"이누무 새끼, 와 이리 뻔뻔시러워졌노. 싫다 임마."

주말에 「해리포터와 아즈카반의 죄수」를 보러 가기로 했다.

사람은 사랑을 받으면 변한다. 어떤 사람이라도, 나 같은 놈도. 세상은 사랑으로 바뀔 수 있다. 희미해지던 믿음에 다시금 희망이 생겼다. 행복했다.

원철
또 뉴

054: 김원철　 01X-XXXX-XXXX
097: 또 김원철 01X-AAAA-AAAA
149: 뉴 김원철 01X-BBBB-CCCC
187: 원철 또 뉴 01X-DDDD-XXXX

내 핸드폰에 저장된 원철이 핸드폰 번호다.

원철이뿐만 아니라, 애들 대부분의 전화번호에 '김인철 01X-XXXX-XXXX' 하고 이름만 달랑 기록된 경우가 드물다. 원인은 두 가지다.

하나는 애들 전화번호가 수시로 바뀌기 때문이다. 1년에 한두 번은 바뀌는 것 같다. 잊을 만하면 낯선 번호로 전화가 걸려와서는 "마쌤, 내 새 폰 번호요. 저장하기쇼" 한다. 이젠 익숙해져서 더 이상 왜 그랬냐고는 물어보지 않는다. 바꿀 만했으니까 바꿨겠지 싶다. 누구랑 싸웠거나, 도망

다니거나, 부모가 이혼했거나, 누구누구한테 알려지는 게 싫어서 그런 것이다. 참 사연들이 많다. 남한 사람은 보통 기존의 인간관계를 깡그리 정리하고 싶을 때나 벌이는 '모험'을 이들은 수시로 한다. 지속적인 인간관계를 맺지 못하고 있다는 증거이기도 하지만, 그만큼 애들에게 절실한 사람들이 드물기 때문임을 알기에 안타깝다. 그래서 연락이 단절된 아이들도 적지 않다.

다른 하나는, 내가 핸드폰 조작이 서툴다. 메뉴판에 있는 번호 수정 기능을 할 줄 몰라서다. 마음만 먹으면 배울 수도 있겠는데, 어렵고 귀찮고 해서 바뀔 때마다 새 번호란에 저장한 결과다. 가장 새로운 번호임을 구별해야 하므로 '원철 또 뉴'까지 왔다. 원철이가 한 번 더 바꾸면 '원철 또 또 뉴'라고 할거다.

커밍아웃

탈북청소년이 자신의 고향을, 북조선 출신임을 밝힌다는 것은 대단한 용기를 필요로 하는 일이다. "너 정말 북한에서 왔냐?"는 놀람과 호기심으로 한동안 "동물원 원숭이가 될" 각오를 단단히 해야 하기 때문이다. 탈북자라고 하면 처음 한두 달 동안 호들갑스러울 정도로 관심을 보이다가 이내 시들해진다. 이런 극단적인 반응에 익숙하지 않은 아이들은 처음에는 자신들이 무슨 잘못을 해서 그런 줄 알지만, 겪어 보면 남한 사람들은 다들 똑같이 처음에만 호의적이라는 사실을 알게 된다. 점차 시간이 지나면 '북한에서 왔으니 이런 건 못하겠지' 하는 선입관과 각종 편견을 가지고 대한다. 때문에 어쩔 수 없이 알려진 경우를 제외하고는, 대부분은 자신이 북조선 출신이란 사실을 일부러 광고하고 다닐 필요는 없다며 숨기고 지내는 것이 현명한 처신이라는 결론을 얻는다.

하지만 숨기는 것도 쉬운 일이 아니다. 말이나 행동에서 튀기 때문이다. 이들의 억양을 이상하게 여긴 친구나 동료들이 "너 어디서 왔냐?"고 물을 때는 긴장하게 된다. 보통 얼떨결에 "강원도에서 왔어"라고 둘러대지만 "나는 춘천인데, 넌 강원도 어디야?" 하며 꼬치꼬치 캐묻는 상대를 만나면 정말 난처해진다. 해서 출신을 숨기기로 결심한 아이들은 아예 입을 다물고 반벙어리로 산다. 되도록이면 말을 하지 않아야 들키지 않기 때문이다. 그러나 청소년기의 특성상 자신의 감정을 억누르고 산다는 게 쉬운 일이 아니다. 분노가 계속 쌓이게 된다. 그러다 어느 순간, 쌓였던 울분이 한꺼번에 터지는 날이면 그야말로 짐승처럼 싸운다. 보통 그렇게 한 판 사고 치고 나면, "걔 북한에서 온 탈북자래" 하는 소문이 퍼지고, "북한 새끼들은 원래 그래"라는 눈총 속에서 더 이상 학교나 직장 생활을 유지하기 힘들어 그만두게 된다. 출신 성분이 문제가 되는 것은 남북이 똑같다.

이러한 탈북청소년의 '커밍아웃' 문제는 그들의 선택과 부담으로 남겨두면 안 된다. 주변의 도움과 협조가 필요하다. 일반적으로는 학교나 직장에서 정체성을 숨기는 것보다는 공개하는 것이 더 좋다. 하지만 무작정 드러내기보다는 공개해도 상처받지 않고 자연스럽게 생활할 수 있는 여건을 만들고 적절한 순간을 찾아서 해야 한다. 힘든 과정이지만 막상 공개하고 나면 마음이 편하고 당당해진다. 주위 남한 사람들의 반응은 놀라면서도 오히려 특별한 친구를 뒀다는 생각에 더욱 친해질 수 있는 계기가 될 수 있다. 북조선에서 온 게 문제가 된다면 그것은 북조선 출신이란 사실이 아니라, 그런 부분도 수용 못하는 우리 사회의 수준 탓이다.

미련 곰탱이
꽃제비

충성이 집에 얹혀 살게 되었다. 안산에서 한양대 문화인류학과 대학원을 다니는데, 이 넓은 서울·경기도 땅에 머물 곳이 없었다. 내 형편으로는 월세도 무리여서 한참을 고민하다 아이들에게 연락해 보니, 충성이가 부천 영구임대아파트에서 정철이와 둘이 살고 있다는 것이다. 충성이에게 내 사정을 얘기하고 같이 좀 살게 해달라고 했더니 선뜻 그렇게 하잔다. 오히려 밥할 사람 없었는데 잘됐다고 좋아해 주면서, 쓰던 방을 통째 내줬다. 자기는 정철이랑 거실에서 자는 게 편하단다. 고마워서 눈물이 핑 돌았다.

충성이는 북조선에서 오랫동안 꽃제비로 떠돌던 아이다. 마을 전체가 굶어 죽은 곳에서 시체 한 구 빼내어 버리면, 보위부 직원들이 빵 하나 줬단다. 그 빵을 얻어먹으며 근근이 살아온 놈이다. 그런데도 마음은 곱다. 달랑 두 보따리가 전부인 이삿짐을 옮기며, 아마 내가 '꽃제비' 집에 얹혀서 사는 유일한 남한 사람일거란 생각을 하니 감개무량했다.

　같이 살면서 보니까 충성이 병이 심했다. 폐병이었다. 몸이 약해 북조선에서부터 달고 온 병이라 한다. 같이 밥을 먹는데도 혼자만 몸이 빼빼마르고, 자주 열이 오른다. 오토바이를 타는데 몸무게가 가벼워 오토바이 무게에 밀려 휘청거린다. 그래도 약은 잘 챙겨 먹고 있단다. 내 상식으로 요즘 폐병이야 약 먹으면 괜찮다고 알고 있어 그냥 넘어갔다. 그런데 계속 심해지는 게 이상하고 혹시 같이 사는 다른 아이들한테도 전염되지 않을까 하는 걱정으로 병원에 가자고 했더니, 자기가 혼자 가겠단다. 그러면서 한 보름을 그냥 게기는 것이다.

　도저히 참을 수 없어 먹는 약이 뭔지 보자고 했다. 충성이가 북조선 사람에게서 구해온 약이라고 내놓는데, 아연실색하게 만들었다. 어디서 주워 온 듯한 낡은 주사기로, 음료수 병에 담긴 정체불ㅏ셔보명의 용액을 뽑아 물 컵에 담더니, 생수를 섞어 그 주사기로 휘휘 젖고는, 눈을 질끔 감고 한숨에 들이킨다. 폐병에 제일 좋은 북조선 약이란다. 보는데 입이 쩍 벌어지고 한숨이 절로 나왔다. 약을 조금 따라 마셔 보니 혀가 따끔거렸다. 냄새도 강한 것이 농약 같았다. 우리도 예전에 횟배(회충으로 인한 거위배) 돌 때 휘발유를 구충제로 썼던 것처럼, 의약품이 부족한 북조선에서 농약을 살균제로 쓰는 게 아닌가 싶었다. 폐렴이 염증이니 농약 성분으로 치유한다는 생각에서.

　황당하고 기가 막혀 충성이 놈 멱살을 움켜쥐고 그 길로 바로 보건소로 달려갔다. 가면서도 자기는 병원 가기 싫다고 떼썼다. 병원이 무섭단다.

내가 죽여 놓겠다고 길길이 날뛰니 마지못해 따랐다. 미련 곰탱이 같은 꽃제비 새끼다.

보건소에서 검사를 하고 며칠 후 연락을 받았다. 폐렴인데 조금 심한 상태였다. 그래도 다행히 전염성은 아니란다. 약만 잘 먹으면 낫는단다. 주사 맞고 약 받아 오는데, 놈이 실실 웃으며 병원이 생각보다는 별로 안 무섭다면서 담배를 피워 물었다.

콱 쥐어박으려다가 참았다. 충성이가 제발 철 좀 들었으면 좋겠다.

충성이와 영호의
화해를 위하여

안녕, 징글맞은 꽃제비들아.

다들 잘 지내고 있겠지?

나도 잘 지내고 있단다.

그럼 잘 지내라.

하고 끝낼 까도 생각해 봤지만 오늘은 왠지 기분이 꿀꿀하구나. 가을답지 않게 어깨가 시려오는 추위도 마음에 안 들고 우중충한 하늘도, 자존심 없이 막 떨어지는 낙엽에도 괜시리 속상하고 짱나는구나. 서른 넘은 나이에 가을 타는 것도 아닌데 내가 왜 이런지 모르겠단다.

충성이 보고 왔구나.

인천구치소 475번 김충성. 그 머저리가 한밤에 '쏭카(250cc 오토바이)' 쫓아가다 사람을 치었단다. 면허도 없이 온 부천 시내를 싸돌아 다니더니만 기어이 엄청난 사고를 내고 쇠고랑을 찼구나. 그래서 그 꼬락서니 보러 갔지.

뭐라는 줄 아니?

"정철이 새끼 보고 싶어 죽겠는데 자주 오지도 않고… 현이 새끼, 난 지가 우울증 걸렸다고 해서 제주도까지 갔는데…. 순철이 새끼도…."

"애들 보고 전해주세여. 한국에 와서 잘사는 것도 행복하게 사는 것도 중요하지만 제발 나쁜 짓은 하지 말고 살라고 해 주세여. 감옥에 오니까 이리 서럽고 눈물 나고… 부모 없는 설움이 뭔지 알겠어여. 부모만 있었으면 하고 얼마나 울었다고여."

"마쌤, 나 나가고 싶어여."

엉엉 운다.

그걸 보고 내가 뭐라고 하겠니. 폐병 걸려 감옥에 있는 놈이 그 큰 눈망울로 울면서 그러는데. 내가 할 말 없을 때 하는 말 있잖니.

"시끄럽다 임마."

그 말 하곤 돌아왔지 뭐.

충성이가 사고 낸 환자에게 갔단다.

22살 대학생이더라. 이름은 영호. 가난한 집안 살림 돕는다고 밤 늦게까지 아르바이트하고 집에 가다가 그 사고를 당했다고 하더구나. 뇌수술을 두 번이나 하고도 아직 의식이 온전치 않더라. 병실에 막 들어서는데 환자 어머니가 울면서 뛰쳐나오시기에, 내가 충성이 가르쳤던 선생이라고 인사하고 위로의 말이라도 건네려는데….

"가세요. 애가 얼마나 아프면 몸부림치며 내 머리털을 다 뽑아요. 멀쩡한 애를 저 지경으로 만들어 놓고…. 내가 천불이 나서 못살겠어. 다 필요 없으니 가요."

영호 외삼촌이란 분도 만났다.

"검사를 만나도 경찰서에 가도 보호자도 없고 아무도 없대. 그 소리 듣는데 하늘이 다 노래져. 탈북자는 한국 사람 아니요? 탈북자는 뭐 무법자요? 그럼 왜 왔어. 면허도 없이 오토바이는 왜 타고 다녀요."

언뜻 보이는 영호 모습이 머리는 다 깎여 있고 다리는 침대에 묶였고 얼굴 가득 호스 꼽고 있더구나. 그걸 보고 내가 또 뭐라고 하니. 연신 잘 못했다고 싹싹 빌었지 뭐. 같이 갔던 성혁이랑 병실 나와서 한참을 울었단다.

털레털레 집으로 오는데 머릿속에 윙윙거리며 맴도는 말들,

"마쌤, 나 나가고 싶어여."

"탈북자는 무법자요?"

아무것도 할 수 없는 나 자신이 너무 초라하더구나. 해서 그냥 막 걸었지.

걸으니 자꾸만 지난 일들이 떠오르더라.

니들하고 무슨 인연인지 몰라도 우리 그동안 억수로 재밌었다, 그치?

그 대단한 하나원에서 니들 맨날 밤에 우리 선생들 방에 놀러왔었지.

"쌤, 잠이 아이 옵니다. 고향 생각도 나고 쌤 얼굴 보니까 외삼촌 같고…."

그게 술 먹고 싶다는 소리라는 걸, 척 보면 알지. 그래도 명색이 선생이 되가지고 "오이야, 여기 술 있다. 마이 무라" 어찌 그러냐.

인생은 어떻고 외로움은 뭐고 한참을 떠들면 니들 중 갈 놈은 삐죽거리며 갔지. 끝까지 믿음을 지킨 놈만 주님을   지. 참 성령 충만했었는데.

현장학습 갔을 때 기억나니? 니들 눈엔 모든 것이 처음이었고 놀라운 광경이지. 검정고시학원에 가서는 "니들은 빨간고시, 파란고시를 봐야 검정고시를 볼 수 있어. 알간?" 하면 괜스레 쫄아서, "쌤, 빨간고시는 어렵슴메?" 하는 모습 보며 얼마나 우스웠다고.

은행 가서 현금인출기 앞에서 오만 원이고 십만 원이고 부르는 대로 돈을 만들어내는 나를 눈이 휘둥그레 바라볼 땐 나도 잠시 마법사가 된 듯하더라. 물론 니들 안볼 때 다시 입금했지. 내 전 재산이 항상 삼십만 원이잖니.

하나원 나와선 더 재밌었던 거 같구나. 모여서 영화 보고 호프집 가고 노래방 가고. 니들 양심은 좀 있더라. 하나원에서 내게 '정착금 따먹기, 임대아파트 따먹기'로 팔씨름 진 놈들이 그래도 술값은 내더구나. 난 그때가 정말 자본주의 가르친 보람이 있더라. 흐뭇했지. 억수로 맛있었고.

참, 셋넷교실 마치고 난나센터 애들이랑 「스타크래프트」 했었잖아? 그때 한창 게임에 재미 붙일 때였는데 남한 애들과 함 붙자고 해서 PC방에

갔었지.

난나 애들이 "우린 마우스로 안해요. 단축키로 하죠. 무한으로 하면 3시간도 막아요. 헤헤" 하고 건방을 떨었지. 그 말 듣던 철성이가 "그럼 우린 쨉도 안 되는데…" 하며 똥 씹은 표정이 되더구나. 그런데 참 신기하지. 4:4의 싸움에서 초반에 우리편 두 놈이 나가떨어졌는데도 끝에 이겼던 거 아니니. 그때 진짜 짜릿했지.

정철이 말이 더 우스웠다. "에고, 요거이 별 기 아이네. 짜슥들."

한참 그 일로 기세 등등한 니들 보며 나도 참 좋았단다. 6:1로 해도 내게 '깨갱' 하던 실력이 이젠 2:1로 해도 내가 버벅거릴 정도니 참 마이 컸다.

그라고 이누무 새끼들아.

"마쌤, 러쉬하지 마라. 쥑이뿐데이."

"마쌤, 3시 공격!"

PC방에선 내보고 '마쌤' 하지 마라 했제? 쪽팔리게 선생이 애들하고 오락하는 거 남들이 보면 뭐라카겠노. 나도 사회적인 위신과 체면이 있지. '마형' 해라 임마!

이런 저런 생각에 혼자 낄낄거리다가도 금세 마음이 무거워진다.

충성이 말이다. 어쩌면 좋니? 그놈이 이 추위에 감옥에 있는 생각하니 마음이 쓰리다.

이리저리 알아보니 피해자 측과 합의를 해야 하는데 방법이 없구나. 뇌수술 한 번 하면 천만 원이래. 완전히 낫는다는 보장도 없고 후유증도 상당하고. 정상적으로 합의하려면 일억이 넘어도 힘들다는구나. 충성이는 그동안 여자친구 꼬시러 다닌다고 자기 정착금 다 까먹었고.

환자 가족은 얼마나 참담할까. 의식 없는 영호는 지금 뭘 생각하고 있을까?

충성이 많이 원망하고 있겠지. 얼마나 억울할까!

애들아, 우리가 뭘 할 수 있겠니. 니들 앞에서 슈퍼맨인 양 폼 재는 내나 낯선 땅에서 빌빌거리는 니들이나 둘 다 돈 없고 힘 없는 꽃제비들 아니니. 사고 낸 충성이 뭐 예쁘다고 사람들이 도와주겠니. 염치가 있지 뭐 잘했다고. 자꾸만 힘 빠지고 처량해지는구나.

하지만 애들아, 이대로 시간만 간다고 해결될까. 충성이는 어쩌고 또 영호는 어쩌니. 우리가 어떻게든 충성이랑 영호를 살려야 하지 않겠니. 우리 말고 누가 있니. 아무리 자본주의 사회라서 돈이 다라고 해도 돈 없다고 마음도 없는 거니. 그건 아니잖아. 그러면 사는 게 너무 서글프잖니. 이대로 두면 충성이는 감옥에서 사그라지고 영호도 고통으로 꺼져가는 거잖아. 그 애들이 평생 만날 수 있을까. 만나서 미안하다고, 괜찮다고 말하며 손잡을 수 있을까. 난 자꾸만 그 애들이 만나는 게 통일 같구나. 지금 우리 앞에 있는 통일도 못하면서 무슨 조국통일이니. 그딴 게 진짜로 꽝포구나.

우리 각자가 힘닿는 데까지 돕자꾸나. 외면하고 싶은 우리 마음에서 충성이랑 영호를 지우지 말자꾸나. 우리 힘껏 성의를 다하면 충성이 놈도 감옥 나와서 정신차리지 않을까. 우리 보기 미안해서라도 인간 좀 되지 않을까. 영호네 가족 맺힌 마음도 조금은 풀리지 않을까. 어쩌면 시간이 좀 흐르면 충성이랑 영호가 친구 되는 기적도 생기지 않을까. 더 어쩌면, 막 어쩌면 우리 마음 속에서 점점 멀어져가는 조국 통일도 이런 식으로 되는 거 아닐까. 안 그러니 얘들아?

눈물 나올라칸다.

꽃제비
기질

탈북청소년을 욕할 때 주로 쓰는 '꽃제비 기질'이란 말은 꽃제비로 살아온 탈북청소년의 나쁜 습성을 지칭하는 말이다. 영악스러울 만큼 눈치를 살피고 인간관계에서 무엇보다 이해득실을 따지며 뭐라도 도움이 되는 사람에게는 간이고 쓸개고 다 빼줄 듯이 아양을 떨며 굽실거리지만, '영양가가 별로 없다' 싶으면 매몰차게 돌아선다. 힘겨운 생존 조건에서 어쩔 수 없이 길러진 습관이지만, 남한에 들어온 후에도 한동안 그 버릇을 버리지 못하고 이런 식으로 사람을 대한다. 이 때문에 지속적인 인간관계를 형성하는데 많은 어려움을 겪는다.

탈북청소년을 처음 대하는 많은 남한 사람들은 이들의 안타까운 사정을 들을라치면 조국 통일을 위해 뭐라도 해야 한다는 투철한 사명감이 본능적으로 생기는지 호들갑을 떨면서 환대한다. 주변의 외국인 노동자, 조선족, 노숙자에게는 눈길조차 주지 않던 사람들도 탈북자, 그 중에서도 특히 '순진무구하고 가엾은 탈북청소년'을 보면 뭐라도 해주고 싶어 사족을 못 쓴다. 눈치 빠른 '원조 꽃제비들'이 이런 사람들을 놓칠 리 만무하다. '인자하게' 베풀고 '황송하게 감읍하며' 받아주니 얼마나 죽이 잘 맞으랴! 한껏 엉겨붙어 이모, 삼촌 하고, 양엄마도 하고 양아빠도 된다.

그래도 며느리, 사위로 삼지는 않는다는 말처럼, 시간이 흘러 흥분이 가라앉으면 서로의 실체가 보인다. '싸가지 없는 사고뭉치'와 '어설프게 성스러운 꼰대'라는 본모습이 드러나기 마련이다. 그러면 대부분 실망하고 돌아선다. 안타깝게도 나는 "다시는 상종 못할 몹쓸 것들"이라 욕하며 돌아서는 남한 사람들을 너무나 많이 봤다. 일반 시민들은 물론 탈북민 관련 단체의 실무자, 종교계 인사, 학교, 이웃 주민, 담당 형사 등등. 그들의 하소연을 듣고 있노라면 민망할 지경이다. 당연히 욕하고 돌아설 만하다.

하지만 그것뿐일까. 탈북청소년이 감정의 폭이 심하고 폭력을 자제하는 능력이 부족하며 인간관계에서 이해득실을 몹시 따지는 성향이 있다는 점은 사실이다. 그러나 남한 사람들 중에서도 이들에 대해 과도하게 흥분하고 적당히 이용하는 이들도 많다. 그러다 막상 감당이 되지 않으니 욕하고 돌아서는 것이다.

남한 사람들은 자본주의 사회에서 아주 세련되게 포장된 '꽃제비 기질'을 발휘하여 자신들이 틀지어 놓은 방식을 아이들에게 강요하고, 그것이 받아들여지지 않으면 너무도 쉽게 배척하며 가혹한 비난과 함께 문제 집단이라고 낙인찍어 버린다. 남한 사람들의 이러한 성향이야말로 탈북청소년들의 꽃제비 기질과 뭐가 다른가? '원조 꽃제비 기질'은 단순하고 어설퍼서 쉽게 드러난다. 하지만 '세련된 꽃제비 기질'은 잘 드러나지 않지만 더 교묘하고 영악하다. 감히 돌 던질 자격이 있을까?

돈
때문이야요

    S정보산업고에서 고3 탈북청소년들이 집단 패싸움을 했다며 급히 오라고 연락을 받았다. 뭔 일인가 싶어 급히 가보니 그야말로 학교가 난장판이었다. 학교 측 얘기와 아이들 얘기를 들어본 사건의 줄거리는 다음과 같다.

    학교 화장실에서 담배를 피던 창수와 정철이에게 선도반장이 다가와서는 왜 학생이 담배를 피냐며 주머니 검사를 하려고 해서 실랑이가 붙었다. 당시 화장실에서 담배 피는 것은 흔히 있는 일이기에 왜 우리만 주머니를 뒤지냐고 항의했지만, 선도반장은 자신의 임무라며 강행했다고 한다. 그러던 중 지나가던 학생이 이들이 자기들보다 나이가 두 살 많은 탈북청소년임을 알아보고는 선도반장을 말렸다.
    그런데 흥분한 선도반장이 "탈북자면 학생 아니야? 막 담배 펴도 돼?"

하면서 쌍욕을 했고, 이에 격분한 창수와 시비를 벌이다 주먹다짐으로 번졌다. 먼저 맞은 창수는 선도반장에게 덤볐고, 이를 보던 주변 십여 명의 선도반원들이 달려들었다. 이에 정철도 가세했지만, 두 명은 집단으로 몰매를 맞았고 이 과정에서 창수가 정신을 잃었다.

맞은 것이 분하고 억울한 정철이는 쓰러진 창수를 오토바이에 태워 집으로 가서 주변의 탈북 친구들에게 하소연을 했다. 서울시 전역의 탈북청소년 예닐곱이 급히 창수네 집으로 모였다. 정신을 차린 창수는 모인 친구들과 함께 학교로 쳐들어갔다. 운동장 한 편의 당구장에 선도반원들이 모여 있다는 소식을 듣고 선도반의 사과를 받겠다며 혼자 들어갔다. 당구장 안에는 삼십여 명의 선도반들이 모여 있다가 창수에게 다시 덤벼들려고 당구장을 뛰쳐나왔다. 멀리 운동장 구석에서 이를 지켜보던 탈북청소년들은 각목과 쇠파이프를 들고 달려왔고, 놀란 선도반원들은 돌아서 당구장으로 숨었다. 그러나 당구장 문이 열리고 그 중 몇몇이 맞는 모습에 기가 질린 선도반원들은 무릎 꿇고 항복을 했다. 교무실에서 놀라 달려온 선생님들도 탈북청소년들의 기세에 눌려 말리지도 못했다고 한다. 일을 끝낸 탈북청소년들은 모두 가버렸고 담임이 어쩔 줄을 몰라서 나에게 연락을 했다는 것이다.

선도반원 중 한 명은 이빨이 두 개가 부러지고 머리가 터졌고, 또 한 명은 팔이 부러졌다고 한다. 창수도 뇌진탕 증세가 있어 CT촬영을 했다. 학교 교무실에 들어가자 내게 항의가 쏟아졌다. 어떻게 조폭도 아닌 청소년들이 신성한 학교를 쳐들어 와서 쑥대밭을 만들어 놓느냐는 것이다. 개교 이래 처음 있는 일이란다. 무서워 선생 짓 못하겠다며 어떻게 저런 애들을 학교에 소개할 수 있냐고 항의했다. 교감선생님은 경찰에 알리지 않고 사건을 처리하자고 했다. 탈북청소년들이 징계를 받고 치료비를 배상하라는 것이다. 어떤 징계냐고 물어보니까 당연히 퇴학이란다. 난감했다. 근 2년 동안 잘 다녀 고3이 됐는데 퇴학이라니 너무 안타까웠다.

아이들을 만나보니 더 난감했다. 대체 우리가 뭘 잘못했냐는 것이다. 폭력을 먼저 사용한 것도 그 쪽이고, 십여 명이 한 사람을 집단으로 때려 기절시키고는 계속 때리는 게 사람이냐고 한다. 억울한 친구 의리를 지켜 "맞은 값을 치룬 것이" 뭐 잘못했냐는 것이다. 그리고 보상은커녕 다시 쳐들어가겠다고 했다.

다친 선도반 학생들 부모를 만났다. 나도 속으로 할 말이 많았지만, 어떻게든 졸업만이라도 시켜놓는 것이 최선이다 싶어 싹싹 빌었다. 선처를 호소했다. 그 중 한 분이 자기도 탈북 학생들 입장을 이해한다고 하면서 '없던 일'로 하자고 해서 너무 좋았다. 요즘도 저렇게 너그러운 마음을 가진 사람이 있다는 게 감격스러웠다. "탈북 아이들이 이 땅에서 사는 게 얼마나 힘들겠어요. 우리가 품어야지" 하면서 합의하자고 했다. 치료비 합쳐 팔백만 원에.

'없던 일'의 기준이 달랐다.

탈북청소년들을 만나 상황 설명을 했다. 아이들은 허탈한 표정이었다. 차근차근 설명했다. 선도반 애들이 잘못했다고 해도 너희들이 집단으로 몰려가 폭력을 사용한 것은 잘못이다, 남한의 법이 자력구제 금지다, 보상비 주고 합의 보고 학교 졸업하자고 하니까 난리가 났다.

"아, 신경이 난다야. 이 무스기 나라가 잘못한 놈은 죄 없고 때린 놈만 죄가 되기요."

"우리 조선은 아이 그렇소. 잘못한 놈은 맞아도 말 못하요."

남한은 그렇지 않다고 설명하는데, 가만히 앉아있던 정철이가 한마디 한다.

"돈 때문이야요. 우리 조선은 나라가 치료해주니까 잘못한 놈이 죄가 되는데, 남한은 돈 때문에 때린 놈만 죄인 기야, 우리가 머저리지."

충격이었다. 나는 미처 생각도 못했는데, 자본주의 보험회사의 논리를 대번에 파악하는 것이다. 이리저리 돈을 모아 합의했다. 그리고 정학을 한 달 받았다. 아이들에게는 뼈아픈 교훈이 되었다.

이 일이 상처였을까?

사건에 연루된 아이들 다수가 얼마 후 남한을 떠났다. 탈북자가 탈남자가 되었다. 전문용어로 '탈남탈북자'라고 한다.

아이들은 영국과 캐나다에서 난민 신청을 해서 산다. 일하며 공부하며, 몇몇은 결혼도 했다. 슈퍼에서 포장하는 일을 하는데 나름 살만하단다. 그리고 '남조선'에는 두 번 다시는 가기 싫단다. 나 보고 좀 놀러 오라고 카톡이 온다.

탈북 학생은
이제 그만!

창수의 형인 창길이는 2002년 H전자고등학교를 졸업하고 연세대학교 인문학부 중어중문학과에 들어갔다. 북조선에서 남한의 고등학교에 해당되는 고등중학교 5학년을 다니다가 탈북한 후, 남한에 와서 집에서 가까운 실업계 고등학교 3학년으로 편입하였다. 나이에 비해 의젓한 성격의 창길이는 자신보다 두 살 어린 학생들 속에서 다소 힘들어 했지만 잘 견디고 무사히 졸업하여 연세대학교에 합격해 부러움의 대상이 되었다.

창길이가 연대에 합격하는 모습을 본 주변의 많은 탈북청소년들은 인문계 고등학교에 비해 상대적으로 수업 부담이 없는 실업계 고등학교에 들어가고 싶어 했다. 창길이의 성공 사례를 보고 의기양양했던 나는 또 다른 아이를 학교에 소개하기로 했다. 문경에서 고등학교 3학년을 다니다가 자퇴한 스무 살 성혁이를 데리고 북한이탈주민확인서, 학력인정서 등 관련 서류를 챙겨 창길이와 함께 학교를 찾아 갔다.

멀리 보이는 교문 위 플래카드가 눈에 확 띄었다. '대입 합격을 축하합니다'라는 문구 밑에, 다른 학생들보다 두 배는 크고 굵은 글씨로 '연세대 장창길'이라고 써 있었다. 뿐만 아니라 중앙현관 입구에 'H전자고등학교 대학 입학 현황'이라는 게시판에도 제일 첫머리에 '연세대 장창길'이 부각되어 있었다. "쪽팔린다"는 창길이의 민망한 표정을 보면서 무척 자랑스럽고 기분이 좋았다. 수위 아저씨의 얘기를 들어보니 학교 생긴 이래 연세대 합격생은 처음이라고 하니 더욱 으쓱거려지는 것이다. 물론 탈북청소년들에게 주어지는 대학 특례입학제도가 있기에 가능한 일이었지만, 실업계 학교로서는 대단한 자랑거리였던가 보다.

교무실에서 여러 선생들을 만나는 자리에서도 전부 창길이를 입이 마르게 칭찬한다. 그러던 중 또 다른 탈북청소년의 입학을 부탁드리러 왔다고 방문 목적을 밝히자 일순간 표정들이 굳어진다. 교감선생님에게 성혁이의 관련 서류들을 건네고 남한에서 이미 고3으로 다녔던 적이 있기에, 학교에서 받아만 준다면 입학 수속을 밟기엔 문제가 없을 거라며 설명을 했다. 그런데 교감선생님은 "학교에서 잘 검토하겠습니다"라면서 서류 두고 가라고 말하고는 나가 버렸다.

창길이의 담임교사가 잠시 보자고 하더니 복도에서 미안한 얘기라며 학교 측 입장을 설명했다. 사연인 즉, 창길과 함께 입학했던 스무 살 정호가 고3으로 다닌 지 한 달 만에 자퇴를 했는데, 그 과정에서 선생님들이 다시는 "탈북청소년을 받지 말자고 결의했다"는 것이다. 정호가 동급생들과 싸움을 했는데 그렇게 거칠고 버릇없는 아이는 처음이었다는 것이다. 사실 창길이도 상대하기 힘들었다고 한다. 해서 장창길을 끝으로 더 이상 탈북청소년을 받을 수 없다는 얘기였다.

마음이 무거웠다. 한껏 기대하고 있던 성혁이를 볼 낯이 없었다. 쓸쓸히 교문을 나서는데 화가 났다. 그렇다면 저 플래카드는 뭔가 싶었다. 홍보용으로 실컷 써먹고는 냉정히 문을 닫아 버리는 학교의 행태가 너무 괘씸했다. 플래카드를 찢어 버리자는 아이들을 애써 말리며 집으로 돌아왔다.

장창수와
장길수

장길수의 본명은 장창수다. 탈북민 신분 보호를 위해 형의 이름과 동생의 이름에서 한 글자씩 따와서 만든 가명이 바로 장길수다. 장길수는 2001년 전 세계를 떠들썩하게 했던 '탈북자 장길수군 가족 베이징 유엔 고등판무관실UNHCR 망명 사건'의 주인공이다. 당시 거의 모든 언론에서 연일 대서특필했기에 장길수라는 이름은 남한 내 탈북자의 대표적이고 상징적인 존재가 되었고, 그 후로 장창수는 본명보다 장길수라는 가명으로 더 많이 불렸고 한동안 본인도 장길수로 행세하고 다녔다.

마치 동화처럼 재투성이 하녀에 불과한 신데렐라를 왕자님의 사랑을 받는 공주로 만들었던 신기한 마법이 자연인 장창수를 탈북 스타 장길수로 만든 것이다. 그 마법사는 다름이 아니라 장창수보다 장길수를 더 원했던 남한 사람들이다.

2003년 여름의 일이다. 장창수가 다니는 서울 OO고등학교에서 6·25 기념 행사를 열었다. 지역의 유명인사와 시민들을 초청하여 통일전시관 개관식을 가졌다. 기념식 중간에 창수가 남한 청소년 대표와 함께 통일 메시지를 읽는 순서가 있었다. 그때 사회를 보는 교사가 "다음은 우리 학교에 다니고 있는 탈북 학생 장길수군이 고향 친구들에게 보내는 편지 낭독이 있겠습니다"라고 말하는 것이다.

학부모석에서 그 모습을 보던 나는 순간 몹시 놀랐다. 누구보다도 창수를 잘 아는 그 교사가 창수를 '장길수'로 소개했기 때문이다. 행사 시작 전에 둘러본 통일전시실의 '장길수군 자료실'을 보고 짐작은 했지만, 그동안 창수는 장길수로 살면서 학교의 얼굴 마담 역할을 했다. 남달리 소심하고 부끄럼 많은 창수가 학교 홍보를 위해 시달렸을 것을 생각하니, 제대로 신경도 못써주면서 학부모 행세를 하는 나 자신이 너무 부끄러웠다.

그런데 수천 관중 앞에서 편지를 다 읽고 난 창수가 하는 말은 더 가관이었다. "통일되는 그 날까지 잘 지내렴. 탈북 학생 장길수 씀"이라는 것이다. 창수 본인도 자신을 '장길수'로 소개하다니! 허탈함과 함께 진한 배신감이 몰려왔다.

이후로도 창수는 자주 장길수 행세를 했다. 교회 부흥회에서, 반공 강연회장에서, 각종 언론 인터뷰에서, 그리고 미국 의회에서도. 참 잘나갔다. 완전히 스타였다. 어디를 가도 사람들은 장길수를 알아봤고, 언제나 환영받고 대접받았다. 기자들을 쫓아다니며 돈도 얻어 쓰는 눈치였다.

하지만 메뚜기도 한철이다. 항상 새로움을 쫓는 언론의 속성상 '장길수의 약발'은 점차 줄어들었다. 학교에서도 적잖은 사고를 쳐서 퇴학당하기 직전까지 갔지만, 오히려 그런 '거물'을 퇴학시키기가 부담스러운 입장이었기에 어쩔 수 없이 졸업만은 시켜주었다. 그리고 모두가 그토록 기대했던 일류대 특례입학은 물거품이 되었다. 학교 측에서는 상당히 당황했다. 실업계 고등학교에서 일류대생을 배출하고픈 기대는 산산조각이 났다.

2004년 2월 13일 창수의 졸업식 날 일이다. 그 날도 물론 마지막 남은 '장길수의 약발'을 우려먹기 위해 여러 방송국에서 취재를 나왔다. 하지만 예전과 달랐다. 사회자가 "다음은 공로상 수상자로 장창수, 앞으로 나오세요" 한다. 드디어 본명을 호명하는 것이다. 학교 측에서는 더 이상 '장길수'라고 흥분하기에는 대학도 떨어지고 초라한 창수의 실체가 신경 쓰였던 모양이다. 나는 방송국 기자들에게 부탁했다. 이제는 제발 장창수라는 본명으로 보도해달라고. 그리고 그 날 저녁 처음으로 장창수란 이름으로 방송이 나갔다. 본명을 찾은 것이다. 기뻤다.

요즘 장길수나 장창수를 찾는 기자는 거의 없다. 강연 요청도 없다. 창수는 PC방에서 지겹도록 온라인 게임 「뮤」를 하며 줄담배를 피워대고 있다. 하루 3갑이나 피는 날도 있다. 몸도 엄청 축났다. 밤에 잘 때 보면 식은땀을 흘린다. 지켜보기 너무 측은하다.

하지만 장래 계획을 물어보면 연고대 아니면 쪽팔려 못 다닌다던 예전과는 다른 얘기들이 나온다. "마쌤, 나 동국대 북한학과 감다. 내 잘하는 거이 공부해야지…."

창수에게 남한 생활은 이제부터라는 생각이 든다. 지난 3년 동안은 거

품이었다. 환상 속 장길수에서 아무것도 아닌 장창수로 돌아와 거기서부
터 다시 시작하기 위해 치른 값비싼 대가였던 것이다.

편견들

'가난하고 불쌍하다'

　탈북청소년을 대하는 남한 사람의 가장 일반적인 인식은 바로 '가난하고 불쌍하다'는 것이다. 같은 탈북민이라도 성인 탈북민를 만나면 마치 간첩을 만나는 것처럼 다소 긴장하고 어색해 하는 사람도, 나이 어린 탈북청소년을 만날 때면 "어이구, 불쌍한 것들", "그래, 고생 많이 했지?" 하며 측은해 한다. 같이 밥이라도 먹을 때면, 밥을 고봉으로 퍼주며 권하곤 한다. 이러한 성향은 우리 사회에서 탈북청소년보다 상대적으로 더 가난한 처지의 남한 사람도 마찬가지다. 현장학습으로 탈북청소년과 함께 영등포 '쪽방' 지역을 방문하는 자리에서 만난 한 주민은, 아이들에게 "줄게 사탕밖에 없다"며 사탕을 나눠주며 '가엾은 북한 아이들'을 위해 뭐라도 하고 싶어 어쩔 줄 몰랐다. 북한에서 왔으니 쪽방촌에 사는 자신보다도 더 가난할 거라고 생각하는 것이다.

탈북청소년과 함께 남한의 일반 고등학교를 방문한 적이 있다. 그곳에서 만난 남한 학생들의 주된 반응은 "핸드폰도 있네!", "저 애는 살쪘다", "우와, 키 크다"라며 놀랐다. 당연히 가난하고 불쌍한 아이들인 줄로만 알았는데 그렇지 않은 모습에 충격을 받은 것이다. 하지만 우리나라 국민이 핸드폰을 가지고 있다는 것이 그리 신기한 일은 아니지 않은가? 또 북조선에서와 달리 중국이나 제3국을 거쳐 남한에 입국하는 동안은 비교적 잘 먹기에, 흔히 TV에서 보던 '피골이 상접한' 모습은 발견하기 어렵다. 오히려 단기간의 영양 과잉 공급으로 키에 비해 살이 찌기도 한다. 남한 학생들의 지나친 반응과 수군거림을 접한 탈북청소년들은 상당히 난처하고 불쾌한 표정으로 불만을 토로하곤 했다. "우릴 머저리 취급"했다는 것이다.

'더럽다, 감염 우려가 있다'

탈북민은 '더럽고 감염의 우려가 있다'는 편견 또한 일반적이다. 낙후된 북한에서 살다가, 중국 등 제3국을 떠돌던 탈북 과정에서 온갖 질병을 "묻혀 가지고" 왔으니 얼마나 "더럽겠느냐"는 것이다. 나는 2001년 하나원에서 생활하면서 이러한 편견을 많이 확인할 수 있었다. 탈북민이 수용된 하나원 직원 중에는 탈북자에게서 간염, 기생충, 폐렴, 성병 등의 전염성 질환을 옮을 거란 불안을 노골적으로 드러내는 사람들이 적지 않았다.

하나원에서는 사람에 따라 식당과 식판이 달랐다. 교육관에 마련된 식당은 공무원, 자봉, 전투경찰과 같은 남한 사람이 먹는 구역과 탈북민 교육생들이 먹는 구역으로 나뉘어져 있다. 식판도 스테인레스 식판과 플라스틱 식판으로 한눈에 구별이 된다. 남한 사람들이 설거지를 할 때 보면 숫제 세제를 범벅해서 식판을 빡빡 닦는다. 식권 계산 등 현실적인 필요성이 있기도 하지만, 그 배후에는 탈북자가 옮기는 질병에 대한 감염의 두려움이 숨어 있다. 하나원에 처음 갔을 때 몇몇 공무원들은 초짜인 우리 교사들에게, "간염 예방 주사는 맞았어요? 기생충약도 수시로 먹고…변기 쓸 때 조심해요. 가렵다니까…"하며 점잖게 충고를 해주기도 했다.

이러한 편견은 2002년 중부 지방 일대를 휩쓴 구제역 파동에서 극단적으로 드러났다. 공교롭게도 하나원은 구제역의 최초 발생 지역인 경기도 안성시 삼죽면에 자리잡고 있었다. 당시 반경 3km에 이르는 삼죽면 인근 위험 지역 이내 돼지 수만 마리가 도살되어, 일본으로 돼지를 수출하는 것이 주 소득이었던 이 지역 주민들의 절망과 원성은 대단했다. 이처럼 상황이 악화되자 하나원 인근 지역에는 "북한 것들이 병균을 묻혀왔다"는 소문이 돌기도 했다.

하지만 이것은 전혀 근거 없는 억측이다. 탈북자는 하나원에 오기 전약 한 달 정도 조사기관인 대성공사, 즉 정부합동심문센터를 거치게 되어 있는데, 그곳에서는 신상조사와 함께 각종 질병 내역 조사와 예방 접종, 병원 치료를 하고 있다. 따라서 감염성 질병의 치료는 대부분 그곳에서 이루어지는 것으로 봐야 한다. 또한 폐렴, 간염 등 정도가 심한 환자의 경우에는 하나원에서도 계속해서 격리된 병원 치료를 받는 체계를 갖추고 있다. 따라서 남한 사람들의 이러한 반응은 '탈북자에게 감염 우려가 있다'는 편견이 빚어낸 명백한 오해다.

'영악하다'

일정 기간 탈북민을 접해본 사람들 중에는 이들이 '영악하다'는 인식을 가지고 있는 경우가 많다. "이기적이고 자기밖에 모른다"는 것이다. 이것은 주로 탈북민을 많이 상대하는 통일부나 하나재단 직원, 일선 동사무소의 복지 담당 공무원, 신변 보호를 담당하는 경찰 및 보호담당관 등에게서 자주 발견할 수 있다.

제자였던 복실이는 사귀는 사람과 내년 봄에 결혼식을 올릴 계획인데, 올해 겨울쯤에 엄마가 입국한다고 했다. 그런데 자기가 알아보니 결혼 전에 부모가 오는 경우에는 동일세대로 취급해 정착금이 추가분밖에 더 나오지 않는다고 한다. 그러니 "엄마 몫의 정착금을 따로 받을 수 있는" 방법을 알아봐 달라고 묻는 것이었다. 나는 알고 지내던 하나재단 직원을 통해 에둘러서 물어보는데 대뜸, "그거 정착금 따블로(두 세대 몫으로) 받으려는 짓 아닙니까? 하여튼 영악한 것들이야" 하면서 내키지 않아 하면서 '비법'을 알려줬다. 혼인신고를 미리 하고, 혼인예정자와 주소지를 미리 합치는 등등의 방법이었다. 그 결과 복실이네 가족은 정착금을 '따블'로 받을 수 있었다.

또 다른 사례는 탈북청소년 대부분이 받고 있는 국민기초생활보장법에 의한 정부 지원을 받는 과정에서 흔히 보는 내용이다. 혼자인 경우 보통 매달 약 40만 원 내외를 지급받고, 가족이 있는 경우 추가분으로 1인당 약 30만 원 정도를 받았다. 그런데 대부분의 탈북청소년은 이 제도가 가진 맹점을 잘 알고 있다. 가족이 있는 경우라도 같이 살지 않으면, 즉 주소지가 별도인 경우는 단독 세대분인 약 40만 원을 전부 받는 것이다. 이 때문에 가족이 있는 탈북청소년의 상당수가 친구 집이나 아는 사람의 집으로 주소이전을 해놓고 있다. 이것을 보고 동사무소의 복지 담당 공무원은 "영악한 놈들"이라고 욕하는 것이다.

탈북청소년의 이러한 행위는 사실 '영악하다'고 볼 수 있는 소지가 있다. 하지만 그 정도의 편법은 대부분의 남한 사람들도 저지르는 것이다. 세금 감면이나 복지 예산을 더 지원 받기 위해 자신의 처지를 과장하거나 허위 사실을 기재하는 등의 사례는 주변에서 흔하게 볼 수 있다. '영악하다'는 것은 다르게 보면 '적극적이다'라는 것으로 볼 수도 있다. 일정 부분 편법을 통해 자신의 '몫'을 확실하게 챙기는 행위를 반드시 영악하다고만 볼 수는 없음에도 불구하고, 탈북민이 특히 그렇다는 부정적 인식은 널리 퍼져 있다.

이러한 부정적 인식들은 대개 잘못된 정보와 선입견에 바탕을 둔 편견인 경우가 많다. 하지만 많은 남한 사람들은 이렇듯 편향된 시각으로 탈북청소년을 바라보기 때문에, 이들과 접촉하는 과정에서 여러 갈등이 생기게 된다.

'이중적 태도'

탈북청소년들은 스스로 "의리 없다"는 비난을 최고의 치욕으로 여기면서도 남한 사회에서는 '의리 없는' 행동을 자주 한다. 박쥐처럼 이랬다저랬다 하면서 '두 길 보기'를 하기에 주변의 호의적인 사람들에게 실망을 준다. 탈북자로서 특혜를 받을 때는 냉큼 챙기는 반면, 자신들의 존재는 드러내기를 거부하기에 갈등이 생기는 것이다. 이것은 탈북청소년이 양가감정을 갖고 있기 때문이다. 탈북청소년이기에 뭔가 특별 취급을 받고 싶은 마음과 동시에 그냥 남한 청소년과 똑같이 취급받고 싶은, 서로 상반되고 혼란스러운 감정이 그것이다.

이들은 자신들의 존재가 노골적으로 드러나는 상황을 매우 싫어한다. 그냥 자연스럽게 남한 사회 속에 묻히고 싶은데, 자꾸만 자신들이 노출되는 상황이 생기게 되어 "신경이 난다"고 한다. 이러한 이중심리의 변화 과정을 이해하지 못하는 남한 사람은, 처음과 달라진 이들의 태도에 섭섭함과 배신감을 느끼게 된다. 하지만 이들의 입장에서 보면, 자신들을 위한 각종 혜택은 좋지만, 항상 주목받고 불쌍한 거지 취급을 받는 삶이 점차 피곤해진다. 물론 가끔은 특별대우가 주는 안락함에 기대어 보기도 하지만, 점차 특혜를 거부하고 똑같이 취급받으며 사는 길을 택하게 된다.

남한에서 생활하는 시간이 오래될수록 일반 취급을 받고 싶은 욕구가 더 커지게 된다. 항상 조마조마했던 도망자 신분으로 북송의 위협 속에서 긴장하며 살았던 탈북 과정과 남한 입국 초기의 문화충격으로 인한 혼란의 시기에는 자신들을 특별한 존재로 여기고 보호해주는 손길에서 오히려 안정감을 느끼며 고마워한다. 하지만 시간이 지나면서 점차 그러한 목적의식적인 시선과 일방적인 역할에 대한 기대에 부담을 느끼고 이제는 완전한 남한 사람으로 취급받으며 그 속에 묻히고 싶어 하는 것이다. 이러한 탈북청소년이 보이는 이중적 태도에 대해 "의리 없다"거나 "싸가지 없다"고 함부로 비난하는 것은 이들의 양가감정을 제대로 이해하지 못한 사람의 편견이다.

편견의 근원

북조선 사회와 탈북민에 대한 남한 사회의 편견은 다양한 경로를 통해 확대되고 재생산된다. 각종 대중매체를 통해 선입관이 생기기도 하고, 이들을 직접 접촉하는 과정에서 기존의 부정적 인식이 강화되기도 한다.

이러한 남한 사회의 뿌리 깊은 편견의 배경으로 조한혜정 교수는 "이미 남한 안에서 거쳐 온 특정한 역사적 시기를 북조선은 이제야 거치고 있다"는 인식에 바탕을 두고 있다고 지적한다. 다시 말해 북조선 사회에 비해 월등한 경제 발전을 이룩한 남한의 시각에서는 북조선 사회의 모든 것이 촌스러워 보이고, 그러한 사회에서 도망쳐온 탈북자란 존재를 '별 볼 일 없고 불쌍한' 존재로 치부해 버린다는 것이다. 이는 나의 우월함을 상대방의 열등함을 통해 확인하고 보상받고자 하는 찌찔함이며 '꼰대'들의 전형적 특성이기도 하다.

남한 사회의
이중적 태도

늘푸른학교 이웃집 아주머니의 최초 변신은 우리가 이사 온 지 세 달쯤 지나서다. 이사 오는 날 동네 주민들과 함께 "이상한 시설이" 들어온다고 반대 운동에 앞장섰던 사람이 딴 사람이 돼버린 것이다. 내가 그 아주머니 교회의 목사님을 만나 도움을 요청하고, 아이들을 그 교회에 다니게 한 직후다. 늘푸른학교에 오는데 생전 처음 보는 호두 머핀을 가져와서는 "우리 이웃에 너무 잘 왔다"고 반기면서, 우리가 온 것이 "하나님이 내려주신 축복"이라는 것이다. 나는 애써 표정 관리를 하면서 태연하게 손을 붙잡고 함께 기도했다.

두 번째 변신은 내가 늘푸른학교를 그만둔 후였다. 오랜만에 아주머니를 만나 인사를 하려는데, 날 붙잡고 호소하는 것이다. 아이들은 그 교회에 안 나간지 오래였고, 담배 물고 옷 훌렁 벗고 굉음을 내면서 오토바이를 타고 다녀 동네 분위기를 해치고 있다는 것이다. 딸애가 고3인데, 경찰에 신고해도 말귀를 알아먹지 못한다면서 "하나님이 내게 저주를" 내렸다고 야단이다.

세 번째 변신은 그야말로 드라마틱했다. 한 2년 정도 지났을 무렵, 내게 전화가 왔는데 급히 만나자고 했다. 목사님과 함께 서울 수유리에서 내가 있는 안산까지 몸소 오셔서 하는 얘기가, '또 그 교회'에서 탈북청소년 쉼터를 운영하는데 혼자서는 못한다고 나 보고 도와달라는 것이다.

-'2004 셋넷교실 기록일지' 중에서

처음으로 탈북청소년을 대하는 남한 사람들은 대개 과도한 관심과 호들갑스런 태도를 취한다. '북한 사람'을 직접 만난다는 흥분과 "통일을 위해 뭐라도 해야"한다는 본능적인 책임의식으로 쉽게 들뜬다. 많은 경우 남한 사람이 '자애롭게' 주고 '탈북자'가 고맙게 받는 역할 관계가 오랫동안 지속되기를 바란다. 우월한 지위 속에서 보람과 만족감을 얻는 것이다.

하지만 이런 식의 불평등한 관계는 시간이 흐르면서 깨어지기 마련이고, 결국은 섭섭함과 배신감만 남는다. 그렇다고 쉽게 상처받은 마음을 드러내지는 못한다. 탈북청소년을 상대로 "무슨 체통 없는 짓이냐"는 사회적 비난이 두렵기 때문이다. 때문에 더 이상 다가서기를 포기하면서도 관계는 유지한다. 적당한 선을 유지하면서 이용하는 이중적 태도를 취하게 된다. 직장이나 교회, 학교 등에서 탈북자란 존재는 괜찮은 홍보수단으로서의 가치는 있기 때문이다. 본인들이 선하고 훌륭한 인격이란 사실을 증명하는데 그럴 듯한 수단인 것이다. 그래서 남한의 천박한 자본주의 문화는 탈북자가 경험한 비극조차 팔아먹을 수 있는 상품으로 만들어 판매한다. 우리도 몰랐고, 알고도 감춰 온 우리 속의 꽃제비 기질이 탈북청소년이란 존재를 통해 이렇게 드러난다.

만나고 가르치다:
그룹홈 우리집
(2006~현재)

탈북청소년들과 같이 산다. 고아인 아이들, 부모 있어도 같이 못 사는 아이들과 함께 산다. 수도권에서 집값이 가장 저렴한 안산에 자리를 잡았다. 이런 걸 공동생활가정, 그룹홈이라고 하는데, 안산시에서 신고를 하면 시설 인가를 내주겠단다. 자격증 갖추고 시설보완도 하란다. 그러면 월급을 준다는 것이다. 깜짝 놀랐다. 이런 일이 직업이 될 수 있다는 사실을 그때 처음 알았다. 시설 이름을 짓는데, 은정이가 "우리 집인데 뭔 이름이 있을까?"라고 했다. 그래서 지은 이름이 '우리집'이다.

우리도 집 있다. 우리집.

끝으로 각자 자신에게 절한다.

자기 자신이 세상에서 제일 소중한 존재임을

깨우치게 하려 함이다.

탈북청소년 그룹홈

우리 사회에서 무연고 탈북청소년을 보호하고 교육하는 방식은 크게 세 가지 형태로 분류될 수 있다. 하나는 정부에서 설립 운영하는 한겨레학교 방식이고, 두 번째는 민간단체들이 운영하고 있는 대안학교 방식이며, 세 번째는 그룹홈에서 일반학교에 다니는 방식이다. 이들 중 어떤 방식이 좋고 대안이 되는가의 논의는 무의미하다. 탈북청소년 개개인이 처한 상황이 워낙 다양하기에 어떠한 방식을 택하든 본인에게 맞는 적절한 방식을 찾아 학업을 지속하는 것이 중요하기 때문이다.

그룹홈은 부모나 친지 없이 홀로 남한에 입국한 무연고 탈북청소년, 또는 부모가 있더라도 가족 해체나 자녀 방치로 실질적인 무연고 상황에 처한 탈북청소년과 그리고 성인 보호자가 함께 7명 내외로 작은 규모의 공동체를 이뤄 함께 생활하면서 교육하는 방식이다. 천주교에서 운영하는 꿈사리나 나르샤, 무종교 시설인 안산의 우리집 등이 대표적인 경우다.

그룹홈의 존재 의미는 보호자 없이 혼자 낯선 남한 땅에서 생활해야 하는 무연고 탈북청소년에게 집과 가족의 역할을 대신하여, 이들이 성인이 될 때까지 안정적으로 남한 사회에 적응할 수 있는 울타리가 된다는 데 있다. 탈북청소년 그룹홈이 없다면 이들은 남한 가정에 입양되거나 남한의 일반 시설에서 생활해야 한다. 그런 경우 양육을 담당하는 보호자가 탈북민의 특성에 대한 이해가 부족한 상태에서 각종 문제가 발생할 수 있다. 또 무엇보다 이들이 북조선 출신이라는 자기정체성의 뿌리가 흔들리게 되어 자라면서 혼란을 겪게 된다.

탈북청소년들로 하여금 그룹홈이라는 틀 속에서 자신들의 특수한 정체성을 인식하고 다가올 남북 통일시대의 주요한 역할을 할 수 있는 지도자로, 또는 평범한 시민으로 살아갈 수 있는 기반을 만드는 일이야말로 남북 분단의 상처 난 틈을 메우는 가장 기본적인 작업이며 가장 확실한 통일 준비다. 통일의 본질을 정치적 경제적 통일을 넘어 남북 주민이 함께 살아가는 사람의 통일로 본다면, 보호자와 탈북청소년이 같이 사는 그룹홈은 이미 시작된 작은 통일과 같다.

그룹홈에서 생활하는 탈북청소년은 성인 보호자와 함께 생활한다. 또 인근의 일반학교에서 또래 남한 학생들과 똑같이 공부하게 된다. 같이 먹고 자고 놀고 일하고 공부하고 경쟁하고 화해하는 일상의 모든 경험 속에서 자연스럽게 남한 사회에서 살아가는 법을 익히게 된다. 이것은 그룹홈 방식이 한겨레학교나 민간의 대안학교와 확연히 구별되는 가장 다른 점이며 가장 큰 장점이다.

탈북청소년들끼리만 어울리고 경쟁(?)하는 방식은 남한 사회 적응 초기 잠시의 경험으로 충분하다. 탈북의 아픔을, 서로의 사정을 이해하는 동무들과 이들의 특성에 맞춘 교육 환경 속에서 일정 기간 위로 받을 수는 있지만, 남한 사회와 직접적인 부딪침 속에서 자극 받고 남한 사람과 당당한 경쟁을 통해 발전할 수 있는 가능성은 그만큼 줄어들게 된다.

탈북청소년들은 앞으로 남한 사회에서 배우고 살아가야 하기 때문에 자라나는 청소년 시절부터 남한 사회에 직접 부딪히면서 배우는 방식이 가장 효과적일 수 있다. 이 과정에서 또래 친구는 물론 학연, 지연, 그리고 또래 남한청소년들이 경험하는 일상사에 대한 공통의 기억처럼 남한 사회 적응에 꼭 필요한 사회적 자본도 축적하게 된다.

물론 남한 사회와 직접 부딪히는 경험은 즐거움보다 고통이 더 크다. 문화충격에 주눅 들고 나이 어린 동생들과 같은 학년을 다니는 데도 학습 능력이 부족해 자존심 상하고, 어눌한 말투와 행동으로 '왕따' 당하기도 하고, 북한과 탈북자에 대한 편견 속에서 마음 졸여야 할 일들이 대부분이다. 하지만 어차피 남한에서 살기 위해서는 언젠가 치러야 할 관문들이다. 매도 먼저 맞는 것이 낫다고, 이러한 과정은 청소년기에 거침이 더 좋을 수 있다.

그룹홈 보호자의 가장 중요한 일은 이 과정에서 상처받는 아이들을 위로하는 일이다. 끝없는 재잘거림과 하소연, 짜증을 들어주고 가끔은 격분해 학교로 경찰서로 찾아가 항의하고 조정하는 일이 그것이다. 막힌 일들이 해결되는 과정도 아이들에게 자연스러운 교육이 되지만, 막힌 일들이 더욱 꼬여 답답해 하는 모습도 아이들에게 큰 공부가 된다. 탈북청소년은 '남한 사람도 못하는 일이 많다'는 당연한 사실에 오히려 동질감을 느끼게 되기 때문이다. 그렇게 서로가 위로하며 함께 살아가는 방식을 배우게 된다. 같이 모여 사는 집이기에 가능한 일이다.

「국가대표」

보통 명절 연휴 내내 밤에는 아이들과 영화를 본다. 공짜 영화를 찾다 「국가대표」를 골랐다.

늘 그렇듯 엄청 웃다가 결국은 눈물바다가 됐다. 스키점프 영화지만, 엄마를 찾는 내용이 나와서 그렇다. 하정우가 연기한 외국에 입양된 주인공이 스키점프 국가대표가 되어 엄마를 찾는 내용이다.

우리집 아이들은 어떤 영화를 봐도 뜨겁게 본다. 어쩔 수 없다. 자기 몫의 슬픔은 감당하고 살아야 하니까.

내가 해줄 수 있는 일은, 다만 영화를 마칠 때 불을 좀 기다렸다 켜 주는 것뿐이다.

늦은 밤 통닭을 시켜놓고 거금 만 원을 결제하고서 아이들과 TV로 「국가대표2」를 봤다. 얼핏 탈북민 나오는 영화란 소문을 들었지만 흥행에 참

패한 영화라 별 기대 없이 틀었다.

전작 「국가대표」의 스키점프처럼 이번에도 여자 아이스하키팀의 실화
를 다룬 내용이다. 전편에서 하정우가 맡은 해외 입양 고아처럼 이번에는
수애가 맡은 탈북자가 대한민국 국가대표가 되어 헤어진 동생이 참가한
북조선 팀과 결전을 벌인다.

전작과 똑같은 형식의 노골적인 신파 영화이기에 흥행하면 오히려 이
상했을 것 같이 민망한 영화지만, 우리집 아이들은 뜨겁게 본다. 탈북자
라서 남한에서 멸시당하는 수애를 보면서, 북녘에 헤어진 가족을 두고 도
망 나오는 장면을 보면서, 북조선팀 동생에게 배신자라는 욕을 먹는 모습
에서, 그러면서도 남쪽 땅에서 살아야 하는 현실에서 아이들은 자기 자신
을 보고 만난다.

늘 멍하니 입을 벌리던 현철이는 앙다물고 ADHD 약을 먹는 인철이는
미동도 없이 화면을 본다. 연아는 초상난 듯 울고 신혁이는 눈물 흘리는
걸 들키지 않으려 애쓴다. 까불이 유강이는 진지해지고 틱 증상을 보이는

현철이는 움찔거리는 걸 잠시 멈췄다.

이렇게 뜨겁게 무언가에 집중하는 아이들이 무섭기조차 하다.

한반도의 통일, 민족의 가치, 평화의 소중함 등등 어쩌면 교과서에서나 남아 있을 진부한 낡은 논리는 그것의 가치를 절실히 느끼는 존재를 통해서만 이어지고 전해져 꽃 필 것이다.

절실하다는 건 늘 마음에 부대낀다는 것이고 잊혀지지 않는다는 건 그만큼 아프고 서러웠기 때문이다. 그 깊고 진한 고통의 기억이 절실함을 키운다.

절실해야 안락에 굴하지 않고 머물지 않으며 절실한 것을 이룬다. 고통이 희망의 이유가 되는 것이다.

아픈 상처를 닦는 수건은 점점 더러워진다. 아무리 빨아도 얼룩이 남아 걸레가 된다. 유한락스로 빨아도 안된다. 걸레가 행복해질 수 있는 유일한 방법은 행주가 되는 게 아니라 깨끗해진 방 바닥을 보는 것뿐이다.

위로와 은총은 위에서만 오고 옆으로만 느껴지기 마련이다.

구질구질한 부딪힘과 실랑이 속에서 희망을 발견하는 지혜가 이어지기를 소망한다.

잠든 아이들의 모습에서 하늘을 보는 겸손함이 떠나지 않기를 바라며.

성남이의
일기

우리집 성남이가 중학교 다닐 적 소원을 적은 글을 봤다.

알라딘의 요술램프가 생기면 엄마 아빠를 만나게 해달하고 할 거란다. 두 번째 소원도 언젠가 생길 여친이 엄마 아빠랑 잘 지내는 거란다. 세 번째 소원은 키가 180 이상 크는 것이다. 지니가 참 힘들겠다.

성남이는 가끔 남한에 온 걸 후회한다. 혹시 북조선 고아원에 계속 있었더라면 부모님이 자기를 찾으러 왔을 거라는 기대 때문이다. 사실 성남이는 자신의 이름도 성도 나이도 잘 모른다. 북조선 고아원에 있을 때, 아마도 브로커일 것으로 짐작되는 누군가가 찾아와 남한으로 데려 왔다. 남한에 와서 보니 다른 아이와 착각해 잘못 데려왔다고 다시 버려서, 우리집에서 살게 되었다. 해서 이름도 새로 지었다. '남'쪽에서 '성'공하라고 '성남'이다.

성남이는 애교가 참 많다. 공부는 지지리도 못하는데 사람 사귀고 친하

알라딘의 요술램프가 있다면 나의 소원세가지

1번째 소원은 북한에 있는 엄마와 빠와 만나는 것이다
내가 북한에 있을 때 엄마가 고아원에 두었는지 잘
모르겠나 하지만 나는 고아원에 있었던 것만 안다
하지만 지금은 한국에 있지만 엄마가 보고 싶을 때도
많다 그래서 나는 알라딘에게 엄마아빠를 만나게
해달라고할 것이다 그리고 가끔씩 밤마다 나도
모르게 우는 날도 있었다 나도 왜 우는지 모르겠다
하지만 항상 밤마다 눈물이난다 또 엄마생각이 날
때는 어른들께로 나는 날 인나 후나는 날에는 엄마생
각이 나서 눈물이 나온다 언젠간 북한에 가서 엄마
아빠를 보고말 테다

2번쨰 소원은 (여자친구가 생긴다면?) 여자친구와 우리 엄마
아빠랑 같이 비밀이 없는 가족이 됬으면 좋겠다 지금
은 길이상훈이랑 사는데 우걸이상훈이랑은 비밀이 없어
서 잘 지내고있다 하지만 세상사람들 몇 명은 북한 인
이 부럽고 못 살겠고 잘 만해하고 한국에 왜 있는지 너
무 따지고 한다 나는 이런 세상이 너무나도 싫다
다행히 우리반 선생님이 우리반에게 내 겪을 해 에서
운걸 알려서 너무 고마웠다 나는 친구들이 없었다
일 없더니 친구들이 놀리지도 않고 게놈 하지도 않았다
나는 친구들께 너무 고마웠다 도 상복중학교선생님들도
내가 북한에서 온걸 다 알고 있었다 학교선생님들도
나를 떠고 잘 대응해 주셨다 나는 너무 너무 고마웠다
또 마지막 소원이다 나는 한 신기가 작은 편이다 학
교우리반에서는 중간에지만 나는 이것보다 더 크고 180
이 됬으면 좋겠다 외냐, 하면 커로애들이 날 깔보기 따문

게 지내는 것은 굉장히 잘한다. 지금은 고등학교를 마치고 일찌감치 자동
차 공장에 취직해 잘 산다. 첫 월급 타서 명품 지갑에 이름 새겨 내게 선
물로 줬다. 평생 간직하며 쓸 테다.

설날

올해도 예년과 똑같다.

먼저 집안 청소를 한다. 평소에 더해 창틀도 옥상도 깨끗이 치운다.

그리고 목욕을 한다. 대중목욕탕에 갔는데 사람들이 바글바글하다. 집집마다 목욕탕 없는 집이 거의 없는 요즘이지만 그래도 명절이라고 대중목욕탕에서 목욕하는 풍습이 유지되는 게 참 반갑다.

사람 사는 모양새가 그런 것이다.

설맞이 장을 보고 전을 부치고 과일을 다듬는다. 작은애들은 조금 하다 살살 빠져서 놀고 큰애들이 묵묵히 마무리했다. 세뱃돈을 더 줄 이유가 충분하다.

문득 해마다 반복되는 일상의 소중함이 느껴졌다. 조금 가난하고 궁상

맞은 삶이라도 그 속에서 사람 사는 도리와 정을 익혀가는 것. 그 소박함
과 평범함으로 사람이 되나보다.

설날 아침이면 한복 입고 차례를 지낸다. 상차림은 큰 아이들이 한다.
지방은 우리집 방식으로 개량해 아이들이 한 자씩 쓴다.
격식도 제기도 음식도 변변치 않지만 차례는 꼭 지낸다. 자신들의 뿌리
를 잊지 않기 위해서다.
힘들게 살아도 존재의 근원을 인식하고 살면 쉬 망가지지 않는다. 가난
하게 살아도 비굴하지 않을 수 있다.
아이들 조상님들이 흐뭇해 하실 게다.

차례가 끝나면 세배를 한다.

먼저 내가 받는다. 우리집 어른이란 것도 있지만, 아이들에게 예의를 가르쳐야 하기 때문이다. 그런데 장가도 안 가고 절 받으려니 좀 멋쩍다.

다음으론 노은이, 그리고 수철이가 받는다. 아이들 중 가장 어른이다. 특별히 현준이랑 유호도 받는다. 중학교 들어가니 대접을 해줘야겠다 싶어서 따로 받게 하는데 너무 까불고 으스댄다.

절한다고 고생한 초딩들에게 큰 아이들이 절을 한다. 초딩들은 민망해하면서도 좋아서 어쩔 줄 모른다. 그래도 절대 세뱃돈은 줄 수 없단다.

내가 아이들에게 절한다. 일 년 내내 아이들 혼내고 잔소리를 하지만 설날만큼은 고개를 숙인다. 내가 모시는 아이들이 하늘이다.

끝으로 각자 자신에게 절한다. 자기 자신이 세상에서 제일 소중한 존재
임을 깨우치게 하려 함이다.

세배 후에는 세뱃돈 시간이다.
올해는 맏이 노은이도 아이들에게 세뱃돈을 나눈다. 다 컸다
새해가 밝았고, 아이들도 우리집도 한 살 더 자란다.

우리집
분가分家 행사

우리집에 경사가 났다.

우리집에서 10년을 자란 옥경이 옥향이 자매가 우리집을 떠나 자기집을 갖고 살게 되었다. 간호대 4년을 무사히 졸업한 옥경이가 평택에 아파트를 배정받아 옥향이를 키우며 살게 된 것이다. 십 년 농사 드디어 결실을 봤다.

북조선 해주 인근이 고향인 옥자매는 먹고 살기 힘들어 탈북을 했다. 몽골 고비사막을 건너 죽을 고생을 하다가 남한으로 왔다. 낯선 남한 땅에서 두 자매만 홀로 살아야했기에 우리집에서 함께 살았다.

처음 옥경이는 맨날 울고 징징거리는 머저리였다. 탈북 과정의 충격으로 고기를 못 먹었다. 조금만 야단치면 울고, 캠프 가서도 방에서 혼자 울고만 있어서 저한테 혼나고 또 울곤 했다. 공부는 못했는데 특례입학으로

요행히 단국대학교 간호학과를 갔다. 하고픈 거 경험 삼아 다녀보라는 심정으로 시켰는데 신기하게 버텨냈다. 치아 교정을 했더니 얼굴도 사람 같아지고 남친도 생겨, 마치 캔디처럼 자라 이젠 고기도 잘 먹는다.

옥향이는 처음부터 '몬뗀' 게 참 독했다. 머저리 같은 언니도 자기가 다 챙겼다. 옥경이는 회초리만 들어도 울었는데, 옥향이는 맞으면서도 잘못했다고 안 해서 더 맞곤 했다. 자기 실속만 챙기고 이기적이라 엄청 혼낼 수밖에 없었다. 처음부터 미용에 뜻을 두고 미용고에 갔는데 지금은 성결대 뷰티과에 잘 다닌다. 옥향이 방은 부엉이 곳간처럼 물건이 가득하다. 손톱, 가위, 미싱, 메니큐어, 사람 머리 모형 등등 야금야금 챙겨서 자기 살 궁리는 벌써 다 해놨다. 걱정 안 해도 되는 성격이라 그거 하나는 기특했다.

옥경이 옥향이는 우리집에서 맏언니 역할을 했다. 차례상 차리는 것도 옥자매가 다 했다. 선생님들 일 있으면 동생들 맡겨놓아도 안심이 되었다. 개인적으로도 큰딸 키우는 심정이었다. 남자는 큰딸을 낳고 평온을 얻는다는 말을 실감할 수 있었다.

무던히 잘 따라주고 잘 자라주고 잘 맞아주어 참 고맙다.

우리집에서 분가한 옥경이 옥향이가 자기집에서 처음 지낸 추석 차례상 사진을 보내왔다.

부모님 한자 성함을 몰라 지방은 생략했다고 한다.

가만 보면, 사과와 배는 반으로 잘랐고 떡은 비닐도 안 벗기고 일회용 접시에 차렸다. 엉성하고 한심하여 또 잔소리 한 바가지 하려다가, 그래도 조상님께 애들 스스로 차례 지냈다는 게 참 대단하다 싶어 웃었다.

존재의 뿌리를 인식하고 기억한다는 건 자기 세상의 주체가 된 어른만이 할 수 있는 일이다. 새로운 땅에서 새로운 삶을 이어가는 새로운 세상이 열렸다. 가르친 보람을 느낀다.

아빠와
'쌤'의 차이

아빠 만난다고 프랑스로 떠난 유혁이가 돌아오지 않는다. 거기서 살겠단다. 갑자기 나는 헤어진 아빠랑 살겠다는 아이를 막아 온 천륜도 모르는 파렴치한 놈이 되었다. 그래도 얼마전까지는 내가 유혁이 아빠였는데 말이다.

서너해 전 유혁이 아버지는 아이가 새엄마와 갈등이 심하다면서 유혁이를 맡기고 프랑스로 '탈남'하였다. 졸지에 고아 아닌 고아가 된 유혁이가 안쓰러워 다른 아이들보다 마음이 더 갔다. 더구나 사정상 국내로 들어올 수 없는 유혁이 아버지가 다시 유혁이를 키울 것 같지 않아 혼자 살 수 있도록 나름 준비를 해왔다.

그런데 몇해 지나 뜬금없이 유혁이 아버지로부터 연락이 왔다. 아이가 보고 싶으니 겨울방학 기간이라도 프랑스로 보내 달라는 것이다. 유혁이 큰어머니라는 분이 데리러 오겠다고 했다. 일순간 고민이 됐다. 십여 년 간 이런 일을 하면서 생긴 촉이 있었다. 타국에서 난민 신분으로 살아 가는 '탈남탈북자'의 특성상 아이를 다시 보내지 않으리라는 예감이 들었 다. 우리집 선생님들 의견도 찬반이 갈라져 쉬 결론을 내리기 힘들었다.

유혁이에게 물어봤다. 망설임 없이 바로 답했다. 아빠 보고 싶다고.
아이가 아빠 보고 싶다는데 무슨 고민이 더 필요한가 싶었다. 바로 비 행기를 태워 보냈다.
그리고 돌아오지 않게 됐다. 안 오겠단다. 수년만에 헤어진 가족을 만 났는데 다시는 헤어지기 싫단다. 그간 우리집에 있으면서 힘들었다고도 했다. 아이들에게 더 이상 상처 주기 싫단다.

졸지에 바보 머저리가 되었다.
아동보호시설에서는 법적보호의 책임이 있는데, 아이를 제대로 관리하 지 못하고 잃어버린 죄가 생겼다. 탈북자 특성도 모르고 덜컹 출국시킨 국기문란과 유괴방조의 혐의도 더해졌다. 이 일로 우리집은 부실문제시 설로 단단히 찍혔다.
하도 여러 죄목이 더해지니까 진짜 바보가 된 듯이 별로 실감도 나지 않았다. 다만 한 가지 가슴 속에 맺혀 응어리지는 게 있었다.
유혁이는 왜 내게 인사도 없이 떠났을까 하는 의문이었다.
아빠랑 살고 싶다면 당연히 축하해 주면서 보냈을 텐데 왜 그랬을까, 왜 같이 살던 우리집 아이들과 선생님 들한테 인사도 없이 간 걸까, 매일 밤 주던 우리집 애완견 맹구가 눈에 밟히지도 않을까, 그간 쌓인 정이 그 정도 밖에 안 된 걸까, 어찌 내게 그럴 수 있을까, 내가 지를 어찌 키웠는데, 쌍누무 새끼.

한동안 멍해 있다 사랑니를 뽑았다. 깨진 어금니 임플란트도 했다.

이런 일이 생길 때마다 미뤄둔 이빨을 치료한다. 그러면 잡생각이 사라진다. 인간이 생각보다 약은 동물이라 내 몸 아프면 그게 우선이지 딴 놈에게까지 신경이 쓰이지 않게 된다. 나름 터득한 생존 전략이자 간사한 지혜다. 시간도 내 편이라 갈수록 희미해진다.

그러던 중 현준이가 또 입원을 했다.

요놈은 아픈 게 연례행사다. 작년 가을에는 장염으로, 올봄은 폐렴이다. 늘 배 터지게 먹고, 감기 들어도 싸돌아다니더니 기어이 입원을 했다.

애 하나 입원하면 선생님들의 근무가 다 틀어진다. 애들 속에서 실랑이하면 집에 가서는 좀 쉬어야 또 일할 수 있는데, 퇴근해서도 간호한다고 매달리면 녹초가 된다. 해서 어쩔 수 없이 내가 당번을 서는데, 짜증이 난다. 그런데도 눈치 없는 현준이 놈은 좋다고 난리다. 누워서 마음껏 만화 보지, 핸드폰 종일 하지, 보기 힘들었던 엄마 아빠도 교대로 면회 오니까 자기는 병원에서 평생 살고 싶단다. 병원 밥이 달단다. 우리집에 가기 싫단다. 아우 쌍!

발가벗겨 목욕시키고 옷 갈아입히다가 현준이 발톱을 봤다. 한동안 깎지 않았더니 두더지 새끼처럼 시커먼 게 다른 사람 볼까 민망할 지경이었다. 그런데 손톱깎기도 없고 마침 밤 10시 소등시간이 되어서 내일 깎자고 두고 병원을 나왔다. 소아병실이 만원이어서 현준이 입원한 병실은 6인 여자 병실이었다. 간병하는 여자들 틈에서 잠자기가 멋쩍어 현준이에게 아침 일찍 오마고 하고 나왔다.

다음날 아침에 가 봤는데, 밤새 현준이 아버지께서 다녀가셨단다. 평택에서 일 마치고 올라와 현준이 곁에서 주무시고 새벽에 가셨다는 것이다. 그러면서 현준이 발톱을 보는데 말끔하다. 현준이 아버지가 그새 깎아주고 가신 것이다.

그래서 아빠구나!

갑자기 마음에 소낙비가 내린다. 마음 속 곳곳을 흐르면서 쌓인 것들을 쓸어간다.

'쌤'인 나는 발톱 나중에 깎아주지 뭐 하지만, 아빠는 그 밤에 편의점에서 손톱깎기를 사다 바로 깎아줬다. '쌤'인 나는 여자 병실에서 잠자기 쑥스러워 나오지만, 아빠는 밤새 홀로 있을 자식이 염려되어 쑥스러움에 철판을 까는 존재다. 그 절실함이, 강렬함이 다르다. 아이 입장에서 아빠와 선생님은 비교가 되지 않는다. 그러니 아빠를 찾는 것이다.

병원에 더 있고 싶다는 현준이가 이해됐다. 아빠랑 살겠다고 나를 나쁜 놈 만든 유혁이 마음이 보였다. 나는 아빠가 아니고 '쌤'이기에, 이해하고 받아주고 잘 살기를 빌어주면 된다. 그걸로 족하다. 아빠 자리를 탐내면 안 된다. 아빠는 아무나 될 수 없기 때문이다.

아빠니까.

이제 그만,
신혁이를 잊어주세요

이른 봄날, 알고 지내던 통일부 과장에게서 연락이 왔다.

진혁이라고 일본 다큐에도 나온 유명한 꽃제비 아이가 있는데, 좀 부담되니 맡아 달라고 했다. 또 덤으로 채널A가 진혁이 데리고 온 공도 있으니 방송도 좀 협조해 달라고 한다. "예, 그러지요"라고 답했지만, 내심 좀 불쾌했다. 내한테 오면 내 새끼인데 방송은 무신.

애 보러 하나원을 갔다. 진혁이란 이름은 방송용이고 본명은 신혁이다. 처음 보는데 '키는 쪼매, 얼굴은 푸석푸석, 머리엔 빵구 난 자국도 선명'한 게 영락없는 꽃제비였다. 저 놈 키우면 자라면서 사고도 엄청 치겠는데 어쩌지 하고 고민이 됐다. 그때 문득 신혁이 발톱이 눈에 들어왔다. 태어나 한 번도 누가 깍아준 적이 없는 천연 야생 발톱! 그걸 보는데, 가슴이 막 뻑뻑해졌다. 사람 애가 그리 크면 안되는 거잖는가. 해서 내가 키워야겠다 싶어 끄실고 왔다.

신혁이는 애교가 작살이다.

북녘 땅 혜산에서 겨울을 세 번이나 넘기며 혼자 꽃제비 치고도 안 얼어 죽고 살 수 있었던 건, 생글거리는 눈웃음 때문이었던 것 같다. 보면 뭐라도 막 주고 싶어지는 눈빛이다. 키우는 재미가 솔솔했다. 키도 쭉쭉 자라고, 궁디도 투실투실하니 팔뚝 만한 똥을 변기 가득 채운다. 돌처럼 딱딱했던 배가 신기하게 점점 몰랑해졌다. 머리 검은 짐승 거두지 말랬지만, 그래도 그게 참 말처럼 쉽지는 않다.

신혁이 자라는 모습을 찍자고 채널A 양승원 피디가 왔다. 만나보니 뽀로로 삼촌처럼 생긴 사람이 신혁이에 대한 애정이 깊었다. 해서 다짐을 받았다. 다큐는 1년간 찍는다, 그리고 이번이 신혁이 방송 마지막이라고 했다. 그러겠다고 해서 채널A와 방송을 찍었다. 이후 소문이 퍼져 방송 출연 요청이 많아졌다. 「아침마당」, 「인간극장」, 「다큐 3일」… 거의 모든 다큐 프로에서 연락이 왔다. 그래도 사람이 의리가 있지 싶어 다 거절했는데, 지금 생각하니 후회막급이다.

사람 마음이 참 묘하다.

신혁이 덕분에 방송도 좀 타고 크진 않지만 안 오던 후원금도 들어오고 하니 욕심이 생기는 것이다. 사실 그동안 우리집은 후원의 밤도 안 하고, CMSCash Management Service를 통한 후원금 자동결제도 안 했다. 별 일 한다고 떠벌리는 것 같아 민망하고, 그럴 자격이나 되나 싶었기 때문이다.

그런데, 이번에는 자꾸 스물스물 막 하고 싶어지는 것이다. 신혁이를 팔면 돈이 될 것 같았다. 그 돈 모아 빚도 갚고 집도 짓고 싶었다. 이사 안가도 되는 우리집, 쥐도 바퀴도 안 나오고 애들 떠든다고, 개 키운다고 난리 치는 이웃도 없는 우리집, 1층에는 커피숍을 하고 2~3층은 그룹홈을 만들고 4층은 공동문화공간으로 만들어 지역사회의 센터가 되고, 옥상에는 맹구와 맹순이를 키우고….

그러던 어느 날, 신혁이가 방송에 나오는 걸 봤다.

신혁이를 데리고 중국에서 나온 목사가 신혁이를 찍은 필름을 TV조선에 넘기고는 신혁이를 자신이 입양했어야 한다고 떠드는 것이다. 지금 신혁이가 있는 곳은 복지시설이라고, 그런 곳에서 애를 키우는 게 대한민국 수준이라고 비난한다. 그러면서 자신은 꿈이 있단다. 1층에는 커피숍을 하고, 2~3층에는 탈북 고아들을 키우고, 4층에는 교회를 하면서….

보다가 토했다. 그 목사 말이 역겨워서가 아니라 그 목사의 꿈이 내 꿈과 같다는 사실이 수치스러워서.

한 방 맞은 듯 멍하니 있었다. 내가 이 짓 하며 십여 년 키워온 꿈이 겨우 그거였나 싶었다. 남들 눈에는 채널A에 신혁이 팔아먹은 나나, TV조선에 신혁이 팔아먹은 그 목사나 똑같이 보일 수 있다는 사실이 충격이었다. 내가 탈북 애들 위한답시고 키운 꿈이 내가 늘 욕하던 바벨탑이었던 것이다.

꿈을 접었다.

집 지을 계획도 후원금 모금 행사도 다 취소하고 지금처럼 살기로 했다. 늘 이사 다니고, 빚 있고, 쥐 나오고, 애들 사고 치는 이 구질구질한 현실을 받아들이기로 했다. 생각해 보니 우리 아이들 앞으로 살아갈 현실도 지금 수준을 넘지 못하고 대부분 가난하게 살 텐데 , 꿈의 공간에서 자라면 그 상실감을 어쩌나 싶기도 했다. 욕심이 내 눈을 가렸었다. 부끄럽고 쪽팔려서 한동안 앓았다. 그러면서 다짐했다. 언제까지일지는 모르겠지만, 우리집은 앞으로도 이렇게 허접하고 빌빌거리는 모습으로 살거라고.

신혁이가 마지막으로 방송을 타는 걸 보면서 앞으로 신혁이는 내가 있는 한, 두 번 다시 방송에 출연시키지 않겠다고 다짐했다. 애가 이미 카메라를 의식하기 때문이다. 카메라를 갖다 대면 안 하던 짓을 한다.

"방송 찍으면 뭐 해줄래요? 레고 사줄 거예요?"

이런다. 카메라의 힘을 인식하고 붕 떠서 살게 된 것이다. 계속 그러면 애 망칠 것 같았다. 해서 이제 그만하기로 했다.

신혁이 대충 키울 것이다.

잘 키울 자신은 없다. 누구누구처럼 특출한 영재로 키울 능력이 내게는 없으니까. 그냥 평범한 소시민으로 키우고 싶다. 안정된 직장 가지고, 결혼해서 애들 돌보는 잔잔한 가장으로 자라게 하고 싶다.

걱정되는 사람들이 많은 듯했다. 나처럼 결혼도 못한 빨갱이가 어떻게 그럴 수 있겠냐고. 나도 불안하지만, 그래도 경험은 있다. 우리 성남이도 신혁이만 한 여덟 살 때부터 내가 키웠다. 모질고 엄하게 대충 키웠는데도 참 잘 자라주었다. 신혁이도 그리 키울 것이다.

그러니 이제 그만, 신혁이를 잊어주길.

다르게 살기

독자들께서는 시간이 나시면 「MBC 휴먼다큐 사랑-내 딸, 미향이」를 한 번 보길 추천한다. 신혁이와 비슷한 방식으로 탈북한 아이인 미향이 이야기다.

신혁이를 데려온 김 모 목사가 이번에는 MBC에 자료를 넘겼나 보다. 몰랐는데, 미향이가 하나원을 퇴소할 때 PD와 그 목사가 난리 친 모양이다. 미향이는 자기들이 데려왔으니 방송이 끝나면 자기들이 키우겠다고. 하나원에서 서울 모 그룹홈에 보냈는데 그곳에서 곤혹스럽다는 소식도 들었다.

이 바닥에서 늘 비슷하게 반복되는 상황들을 보며 나는, 우리는 뭐가 다른가 생각해 보게 된다. 어제 신혁이 잠든 모습을 물끄러미 보며 나도 어지간히 앵벌이 시키지 않았나 싶어 미안했다. 참 다르고 싶었는데, 디테일하다는 게 어렵다.

지난 번과 똑같은 그 목사의 행태를 보니 이제는 너무 잘 이해가 되었다. 동시에 특별함과 칭찬에 중독된 모습이 안타까웠다. 그래 가지고 이 길고 지루한 일상을 어찌 살까 싶었다.

　살면서 충분히 사고 치고, 그때마다 격려도 받고 혼나기도 하면서, 사는 건 별 거 없으며 빌빌거리면서 '평평하게' 사는 게 행복임을 알고, 같이 그냥 인연 다할 때까지 살아가는 것. 아이들에게도 어른들에게도 우리집이 그런 기억이었으면 좋겠다.

　두렵고 스산한 마음에, 아침에 유부초밥을 싸면서 노은이에게 물어보았다.

　"노은아, 나는 꼰대는 아니지? (제발 그렇다고 말해줘) 글치? 맞지? 응?"

　"응, 마쌤은 꼰대 아니고 변태야."

　참 위로가 되었다.

　해 아래 새것이 없다지만, 무지와 욕심과 두려움에 똑같아지진 않았으면 한다.

　작은 차이가 명품을 만들 듯, 비슷하지만 달랐으면 한다.

　새 하늘과 새 땅에서 살았으면 한다.

　그 길만이 전 우주를 사는 방법이고 영원히 사는 길임을 믿는다.

슬픔이 슬픔을
위로하는 세상

우리집에 귀한 손님들이 오셨다. 세월호가족협의회의 김종기 선생님과 유가족 들이 후원 쌀을 한아름 들고 온 것이다.

지난 여름에 우리집 아이들이 가출용 저금통을 털어 세월호가족협의회에 후원금을 전달한 적이 있는데, 그게 마음에 걸리셨다고 쌀을 나누고 싶다며 오셨다. 받아도 되나 조심스러웠지만, 성의를 외면하면 더 마음 상하실까 봐 감사히 받았다.

우리집을 둘러보시고 우리집 아이들을 보시며 참 기뻐하셨다. 최근 상황과 촛불이 기적 같다는 말씀도 주셨다. 진실이 밝혀지기까지 십 년도 더 걸릴 것 같았는데, 촛불이 그 시간을 당길 수 있을 거라 기대된다는 것이다.

아이들이 하늘에서 돕는 것 같다며, 박근혜 탄핵이 가결된 시간이 4시

16분이었다는 말씀도 주셔서 다함께 뭉클했다. 우리집 아이들과 함께 작은 힘이라도 되겠다고 말씀드렸다. 설날 세배를 드리러 가겠다 했더니, 만 원짜리 잔득 준비해놓겠다며 좋아하셨다. 유가족분들 얼굴이 참 밝았다. 미안해서 더 감동이었다.

가득한 쌀포대를 보며 마음이 무거워졌다. 왜 세상은 늘 슬픔이 슬픔을 위로하는지 답답했다. 기쁨이 슬픔을 챙기고 따스함이 온기를 더하는 세상은 꿈이런가. 누가 누구를 위로하는지 가만히 보면, 신기하게도 항상 큰 슬픔이 작은 슬픔을 위로한다.

슬픔은 슬픔이 달랜다.

바다는 세상의 모든 더러움을 실어온 강물을 품고, 싯다르타는 고행을

통해 부처가 되었다. 사람들은 십자가에 매달린 예수에게 구원을 얻고, 분단의 상처는 우리집 아이들이 깔깔거리며 자라는 모습에서 메워진다. 자식 잃은 세월호 유족들에게 실연을 당한 갑순이와 취직을 못한 갑돌이가 위로를 받는다.

큰 고통을 겪은 존재는 깊이가 남다르다. 틱낫한 스님은 모든 고통은 의미가 있다고도 말했다. 삶의 신비는 어쩌면 고통에 있는 것 같다. 그래서 사람은 태어날 때 앙앙 우나 보다.

예수도 지지리 가난한 마을의 목수로 태어나 결혼도 못한 채 십자가에 매달리셨고, 부처도 깨우치고 나서 탁발을 하며 빌어먹고 사셨다. 슬픔을 위로하는 것은 슬픔뿐이니 못난 사람들끼리 서로 위로하고 사는 게 바른 삶임을 알려주려고 그러셨는지도 모를 일이다.

충분히 울면 용서하는 마음도 생긴다.
같이 울고 나누면 살아갈 수 있다.
슬픔은 힘이 세다.

하회마을과
병산서원에서

이곳에 오면 영남 사림의 모순이 느껴진다.

한양과 천리 길 떨어진 곳에 막막한 산과 물길 속에서 자신들만의 세상을 꿈꾸고 자신들만의 긍지를 지켜왔지만 이 골짝 하늘에도 청운이 넘실거린다. 입신양명을 접고 살기에는 세상이 너무 심심하니까 말이다. 결국 세상을 바로잡는다며 세상에 나와 무능과 부패의 특권층이 되어 나라를 망치는 패당이 되었고 오늘날까지 이어져 남녘 땅을 말아먹었다.

북녘도 마찬가지다. 항일무장투쟁으로 세운 나라였지만 시린 바람에 장승으로 굳어진 거대한 바윗덩어리가 되어, 스스로는 옳지만 삶에 옳음만이 있지 않다는 평범한 인식조차 거부하는 주체의 모순 속에서 시들어 간다.

　여행 내내 신혁이가 예전 꽃제비 칠 때 얘기를 해줬다. 자기는 보통 꽃제비가 아니라 도덕이 훌륭한 꽃제비였단다.

　"나는 아무리 배고파도 훔쳐 먹진 않았어요"

　"불쌍한 표정 짓고 엎드려 있으면 사람들이 돈 줘요, 마쌤도 해봐요"

　문득 긍지는, 자존심은, 혁신은, 주체는, 자기 자신이 아니라 타인을 향한 말들이 아닐까 싶다. 그런 자세로 살면서 타인과 함께 하라는 말. 싯다르타가 깨우치고 난 뒤 가장 먼저 한 일이 탁발이었다. 가장 낮은 자세로 타인의 호의에 기대어 사는 삶에서 인간은 가장 겸손하고 평화롭고 긍지 높은 주체가 될 수 있나 보다. 신혁이 말처럼 나이 들수록 불쌍한 표정으로 바짝 엎드려 살고 싶어졌다.

우리집에서
크는 꿈

우리집에서는 북조선에 온 아이들이 자란다. 외로운 사연을 지닌 아이들이 허접한 남한 어른들과 함께 살아간다. 우리집이란 이름으로 함께 살아간다.

아이들이 쑥쑥 자라면서 꿈도 커진다.

옥경이 옥향이가 분가를 했다. 우리집을 떠나 내 집을 갖고 살게 되었다. 옥경이 보고 옥향이 데리고 나가 직접 키우라고 했다. 좀 힘들어도 언니 노릇할 기회를 줘야 평생 살붙이가 될 것 같아서다.

자동차 부품 공장에서 인턴으로 일하는 성남이는 직장 생활이 힘든가 보다. 소음이 너무 심해 귀가 아프다고 한다. 그 뒷말은 차마 안 하지만, 그만두겠다는 소리가 목까지 차오른 게 보였다. 모진 소리로 막았다.

"공부 아닌 길 택한 니 몫이다."

집 나간 성호는 돌아올 줄을 모른다. 평택 어디선가 일하고 있는 줄은 아는데, 차마 찾아가 데려올 용기가 없다. 가을바람 불면 오겠지 했는데, 벌써 겨울이다. 절망 속에서 망가지지 않기만 빌어본다.

고3 일순이가 불안하게 물어봤다. 우리집에서 대학 다닐 수 있냐고. 안 된다고 딱 잘라 말했다. 대학 가면 힘들어도 알바하면서 엄마 모시고 살라고 했다. 힘겨워도 같이 살아야 가족이 되기 때문이란 걸 알아줬으면 한다.

봄순이가 일반고와 모바일고 사이에서 한참을 고민하더니, 모바일고를 택했다. 고등학교 졸업하고 바로 취업하겠다는 생각이다. 좀 아깝다 싶어 특례입학 핑계를 대며 대학을 권했더니, 빨리 돈 벌어 엄마 모시겠단다. 대학은 나중에 일하며 야간대학을 다니겠다고 한다. 봄순이는 이제 그만 혼내도 될 듯하다. 춤만 추는 줄 알았는데 어느새 다 컸다.

유혁이가 듬직해졌다. 처음에 올 때는 근심 가득했는데, 어느새 아이 얼굴이 되었다. 볼따구니도 넙데데해져서 잡고 흔들기 딱이다. 맹구네를 맡겼는데 걔들을 친구처럼 대한다.

신혁이 보고 물었다.
"니 작년에 왜 방충망 다 빵구 냈노? 말해봐라."

"헤…. 그냥요."

신혁이 꿈이 경찰에서 레고 사장님으로 바뀌었다. 아이들은 참 빨리 자란다.

최근에 노은이 핸드폰 비번의 비밀을 알았다. 북조선에 두고 온 동생 생일이란다. 데려와서 같이 살고 싶다고 한다. 노은이 추석에 달님에게 빌었던 소원이 뭔지도 알았다. 키 크게 해 달라고 빌었다고 한다. 지금보다 1센티미터라도 더 크면 아디다스 체육복을 사주기로 했다. 내가 졌으면 좋겠다.

사고 치고 떠났던 준수에게서 연락이 왔다. 다시 들어오고 싶다고.

안 된다고 했다. 세상에 안 되는 것도 있다는 걸 알아줬음 한다. 깨서 안 되는 걸 깨뜨리면 안 된다는 사실을 알았으면 한다. 다른 곳에서는 지킬 건 꼭 지키고 살기를 바란다.

맹구 보면 늘 미안하다. 중성화 수술을 시켰더니 수놈 개가 앉아서 오줌을 눈다. 맹순이는 욕구불만이고, 땡순이도 사춘기인지 서로 물어뜯고 싸운다. 내 욕심으로 데려와 키운 게 아닌가 싶어 마음이 아프다. 자연스레 땅집으로 이사 가는 꿈을 꾸게 된다.

우리집에 얼마 전에 들어온 세영이, 세현이, 현승이, 현준이라는 아이들이 있다. 신기한 게 아직 이름도 입에 잘 붙지 않는다. 일이 년은 지나야 마음 한 구석에 자리를 잡고 맺힌다. 어떤 애들인지 아직 잘 모르겠다.

실랑이가 적었나 보다.

아이들의 꿈이 자라는 것처럼 우리집의 꿈도 자란다.

최근 북조선 인민들 사이에서 남한과 통일하기를 꺼려하는 정서가 확산되고 있다. 고난의 행군 시기 수백만 명이나 굶어 죽었는데, 같은 민족이라면서 돕기는커녕 미국과 함께 경제 봉쇄를 행한 남한을 원망하는 마음 때문이다. 중국이랑 살고 싶다고 한다. 제일 힘들 때부터 지금까지 늘 도와주고, 무역의존도 90%인 절대 혈맹과 같은 나라가 되고 싶다고 한다. 미국과 함께 G2국가인 중국에 대한 예속 현상이 가속화되고 있다.

중국 입장에서는 느긋하다. 아직은 국제사회의 눈치를 보지만, 내심 북조선을 또 하나의 자치주로 만들고 싶은 속내를 드러낸다. 동북공정이 그것입니다. 고구려 역사를 자국사로 만드는 가장 큰 이유는 '우리가 남이가!' 전략이다. 옛날부터 같은 역사를 지녔으니 같은 나라로 합치는 것이 당연하다는 명분을 쌓는 것이다. 또 북조선의 지하자원 채굴권을 수십 년 단위로 계약하고 있다. 경제적 예속화 전략이다.

그런데도 남한은 북한과의 통일을 당연시한다. 북한의 정권이 몰락하면 당연히 남한 중심으로 흡수 통일시킬 생각만 한다. '통일은 대박'이라는 발상에는 제국주의적 음모가 숨어 있다. 이천조 원이 넘는다는 북한의 지하자원과 저임금 노동력을 활용해 성장한계에 직면한 남한 경제의 탈출구로 삼는다는 전략인데, 아무런 도움도 주지 않고 그런 생각만 하는 것은 일제가 조선을 병합한 것과 똑같다. 통일이 아니라 병합이다. 날로 먹겠다는 말이다.

통일의 본질은 사람의 통일이다. 정치·경제적 통일은 사람의 통일을 바탕으로 가능해진다. 남북 주민끼리 친구도 되고 직장 동료도 되고 가족도 이웃도 되는 게 궁극적인 통일이다.

사람끼리 통일되기 위해서는 마음을 나눌 수 있어야 한다. 마음은 힘들 때 나눠진다. 고통받을 때 외면하지 않고 함께하는 이가 친구고 가족이기 때문이다.

통일을 원한다면 북조선 인민들이 힘들 때 도와야 한다. 힘들 때 받은 도움은 쉬 잊혀지지 않는다. 그 고마움과 미안함을 시작으로 한민족의 동질성을 회복하는 것이 통일의 시작이다.

나중에 언젠가 조만간, 북조선 인민들이 남한과 통일할 지 중국과 통일할 지 고민할 때가 올 것이다. 남한 일각에서 북한은 당연히 남한 것이라 주장하겠지만 씨알도 안 먹힐 것이다. 크림 반도 사태처럼 주민투표로 국적을 우크라이나에서 러시아로 바꿀 수 있는 것이 국제정치의 현실이다. 그때가 되면 중국의 눈치를 보는 미국 입장에서 남한 정부를 지지할 지는 의문이다. 이미 구한 말 가쓰라-태프트 밀약의 전례가 있지 않은가?

그때 북조선 인민들에게 우리집 이야기를 들려주고 싶다. 당신들이 못 먹여 버린 아이들을 곱게 키운 곳이 있다고 말하고 싶다. 꽃제비 아이들을 정성으로 먹이고 입히고 공부시켜 시집 장가 보냈다고 알려주고 싶다. 그것은 남한의 정부도 기업도 종교단체도 복지재단도 아니고 순수한 시민들의 작은 정성이었다고 말해주고 싶다. 그러니 같은 민족인 우리랑 통일하자고 호소하고 싶다. 힘들 때 많이 못 도와줘 미안하다고, 하지만 그 고통을 외면하지 않았다고.

우리집 아이들 자라는 사진들을 보여 줄 것이다. 신혁이 꽃제비 치던 사진, 성남이 벌 서던 사진, 유혁이 오이팩 하는 사진, 옥경이 간호사 되는 사진, 노은이 시집 가는 사진, 봄순이 패션쇼 하는 사진, 일순이 공무원 되는 사진, 현준이 아들이랑 목욕탕 가는 사진….

바위처럼 굳어버린 북조선 인민들도 그 닫힌 마음을 열 것이다. 그들도 사람인데 수십 년의 진실과 쌓인 정성을 외면하지는 못할 것이다.

우리집에서 그 꿈이 자라고 있다. 희망의 이유가 피어나고 있다.

오래전에 얼떨결에 시작했는데, 지금은 우리집의 꿈이 나보다 더 커져버려 감당이 안 되기도 한다. 가끔 안정에 대한 욕심으로 눈이 멀기도 한다. 우리집을 '권리금' 받고 팔아 볼까, 아이들 앵벌이시켜 모금을 해볼까, 아예 다른 꿈을 꿔볼까 싶을 때가 한두 번이 아니다.

그럴 때 잠든 아이들 얼굴을 보면 마음이 다잡아진다. 우리 아이들이 무슨 죄를 지었다고 이리 외롭게 살아야 될까 싶다. 민족 분단의 아픔을 대신 짊어지고 살아가는 아이들이 예수처럼 느껴지기도 한다. 그냥 지금처럼 살자 싶다. 좀 불편하고 가난해도 지금처럼만.

꿈꾸며!

우리집 '쌤',
그리고 신발 정리의 비밀

우리집 아이들은 나를 포함하여 일하는 직원들에게 '쌤'이라 부른다.

마쌤, 효은쌤, 선주쌤, 소연쌤, 미정쌤 등등 다들 '쌤'이다. 학교도 아닌데 선생의 빠른 발음말인 '쌤'이다. 애들에게 물어보면 쌤들이 쌤이 많아 그렇다, 부모랑 쌤쌤이라 그렇다는 둥 별별 얘기가 다 나오지만 명확한이유는 없다. 그냥 그렇게 되어 버렸다.

다른 그룹홈에서는 적어도 '쌤'은 아니다. 원장님, 수녀님, 목사님, 삼촌, 이모도 있지만 아빠, 엄마가 제일 많다고 한다. 그룹홈도 '가정'이니까 그렇게 부른다는 것이다. 그런데 우리집에서는 아니다. '아빠, 엄마'는 우리집에서 금기어다. 딱히 그 소리를 하지 말라고 한 적은 없지만 알아서 그냥 하면 안 되는 말이다.

그런데 애들이랑 정신없이 놀다보면 갑자기 애들 입에서 "아빠", "엄마" 소리가 나올 때가 있다. 순간 묘한 긴장감과 멋쩍음으로 서로가 '얼음'이 되어 먼 산을 보거나 애꿎은 맹구 코털을 뽑곤 한다. 몹시 민망해진다. 왜 그럴까?

아이들이랑 살다보면 경계가 무너질 때가 있다. 아빠 엄마 같고 자식 같아질 때가 많다. 같이 먹고 자고 놀고 싸우고 내내 붙어 있는데, 그렇게 십여 년도 넘게 붙어있으니 어떨 땐 진짜 가족처럼 느껴진다. 그런데 그때가 제일 위험한 때다. 가족 아닌데 가족 같아질 때.

잠시 잠깐 스친 그 마음으로 아빠, 엄마, 내 새끼 하다 보면 반드시 사고가 난다. 부모도 해주기 벅찬 것들을 바라고 그걸 들어주지 않는다고 사고를 친다. 얼마나 자기를 사랑하는지 실험도 한다. 아이들 입장에서는 부모가 너무 그립기 때문이다. 한창 사랑받고 자랄 나이에 생긴 애정의 결핍은 크고 깊다. 평생 간다는 연구 결과도 있다고 한다. 무엇보다 우선하는 근원적인 갈망이다. 그걸 달라고 요구한다. 당연하다. 사람이니까, 아직 아이니까.

하지만 문제는 그걸 채울 길이 없다는 데 있다. 세상에 부모의 사랑을 대신할 수 있는 것은 없다. 흉내야 내겠지만 흉내일 뿐이다. 자식 아끼고 위하는 그 한결같은 절실함을 어찌 대신할 수 있을까. 적어도 나는 못한다. 아빠가 자식 손을 잡고 걸어가는 모습을 보며 목을 빼놓는 아이들을 볼라치면, 아플 때 서러워 엄마 찾는 모습을 볼 때면 가슴이 미어진다. 명절에 특히 차분해지고 비오는 날 축축해지는 아이들 보는 것도 고통이다.

더구나 한둘이 아니다. 목욕탕에 갈 때마다 느낀다. 두어 놈은 때 밀어

줄 수 있지만 서넛은 벅차다. 대여섯은 불가능이다. 탕이 너무 덥기 때문이다. 해서 등만 민다. 궁둥이와 겨드랑이까지 완전히 밀고 싶은 마음을 접어 등짝만 딱 밀어주고는 "다음"이다. 나머지는 자기가 밀어야 한다. 물론 자기들 혼자서는 안 민다. 늘 딴 짓 하고 멍 때리다 처맞곤 한다. 무수한 반복이다. 이십 년 가까이.

　최소한만 한다. 부모의 역할을 잠시 대신하는 존재로서 최소한의 몫만 겨우 한다. 나머지는 자기들이 해야 한다. 부모한테 못 받은 사랑은 자신들이 나중에 엄마, 아빠가 되어 자기 새끼들에게 해주면서 채워야 한다. 인간은 성장 과정에서 받지 못한 결핍을 다른 이들에게 채워주면서 스스로를 치유해 가는 존재이기 때문이다. 그걸 믿기에 함부로 부모의 자리를 탐내지 않고 비워두는 것이다. 어설픈 엄마나 아빠가 되어 그 말의 순결함을 더럽히지 말겠다는 다짐이자 계약의 말이 '쌤'이다. 이 일에 뜻을 둔 교사로서 아이들이 어른이 될 때까지만 인간적인 도리를 다할 뿐이다.

　이런 변태 같은 생각이 생활의 쪼잔함으로 나온 것이 신발 정리다.
　나는 우리집에 들어설 때 현관의 신발이 정리되지 않으면 늘 불안하다. 아이들이 내가 감당 못할 무엇을 요구할까 봐 두렵다. 무섭기도 하다. 적어도 그 정도의 긴장과 경계는 서로 간의 암묵적인 계약인데 그 선을 넘어서는 놈이 밉다. 해서 신발 정리를 안 한 놈을 반드시 찾아내 응징하듯 입에 물리고 손들고 서 있게 한다. 공중도덕이니 습관이니 예의니 해도 실상 그것은 정신병리적인 강박Obsessive-Compulsive Disorder이다. 미친 짓이고 아동학대다.

안다. 그런데 다 알면서도 자꾸 그런다.

어릴 적 내 아버지는 내게 늘 그걸 강요했다. 사람이 문간 넘을 때 마음이 단단해야 한다며 늘 혼나고 맞았다. 아무 것도 물려줄 것 없는 가난한 형편에 자식 놈이 강한 심성이나마 지니고 살길 바라셨을 것이다. 그때 아버지처럼 나이 먹으니 이제는 내가 그런다. 그리우니 닮는가 보다.

우리집을
갖는다는 것

명색이 그룹'홈'이지만 금전적인 사정 때문에 지금까지 서울과 수도권 곳곳에 걸쳐 정말 여러 곳으로 이사를 다녀야 했다. 같이 생활하는 아이들에게 참 미안하다. 이사 가야 한다고 하면 아이들은 "또요?" 하며 삐죽거린다. 이사는 상관없는데 전학 가는 것이 너무 싫다고도 한다. 전학 가면 또 인사해야 하고, 그러면 북조선에서 왔다는 게 드러나서 놀림 받는 게 죽기보다 싫은 것이다.

우리집에서 생활하다 나간 아이들에게도 미안하다. 그래도 우리집이 아이들에게는 친정인데, 설이고 추석이고 찾아오려면 매번 낯선 곳으로 안내해야 했다. 심지어 가출한 아이는 그새 집이 이사를 가서 얼떨결에 새집으로 복귀하는 웃지 못할 일도 있었다.

아이들에게 부끄러웠지만 그럴수록 오히려 뻗댔다. 가난해서 집이 없는 게 뭐가 죄냐고. 너희들 나가서 살게 될 남한 사회 현실은 이보다 더하다고, 그러니 배부른 소리 말라고 혼냈다.

각종 종교 단체나 복지 단체에서 자기들 소속으로 들어오면 집과 운영비를 지원하겠다고 했지만 거절했다. 휴일에 아이들이 원하는 건 교회나 절에 가는 것보다 늦잠 자고 뒹굴거리는 건데, 자유 찾아 온 아이들에게 적어도 그 자유만은 보장해 주고 싶었다. 매달 꼬박꼬박 받는 후원금이 어느 순간 당연시되면 아이들도 고마운 줄 모르게 되어서, 마음 생길 때 도와주시면 고맙게 받고 소중하게 쓰겠다며 CMS도 안 했다.

그렇게 월세 50만 원의 LH 장기임대주택으로 그런대로 아이들과 잘 지내왔는데, 어려운 일이 생겼다. 안산시에서 여자아이들 그룹홈으로 쓰는 3층이 전용면적 기준에 미달된다면서 2015년 8월까지 새로운 공간을 마련하라는 통고를 해왔다. 우리집에서는 신고된 3층 외에 한 개 층을 더 임대하여 사용하기에 개별 기준에는 미달이지만 오히려 전체 면적은 기준보다 더 넓다고 항변했지만 행정이 늘 그렇듯 막무가내였다.

8월까지 새로운 공간을 마련하지 못하면 우리집은 문을 닫아야 했다. 그동안 각종 대출로 버텨봤지만, 더 이상은 대출도 힘들고 임대료도 너무 올라 방법이 보이지 않았다.

사실, 우리집은 내 집이라는 생각이 많았다.

내가 만들고 지켰다는 생각에 절어 있었다. 자뻑이 심하구나 싶으면서도, 돌아보면 그럴만도 했다고 스스로를 위로하고 싶다. 지난 15년이 참 외롭고 힘들었다.

지금도 내 직책은 우리집 대표시설장 겸 운영위원장이다. 한 조직에서 이렇게 다 해먹는 사람은 북조선의 김정은밖에 없을 것이다. 다 틀어쥐고 있었던 이유는, 그 책임을 나눌 수도 없었고 나누기 싫었기 때문이다. 자고 나면 일이 생기고 그 일 막다 보면 또 다른 일이 터지는 시간이었다. 아이들을 키운 게 아니라 사고를 감당하며 보낸 세월이었다. 그 과정에서 별다른 주변 도움도 없었고 스스로 초라하고 한심해져서 도와달라는 소리도 못했다. 또 못난 자존심에 도움받기도 싫었다. 해서 그냥 그렇게 움켜쥐고 버텼다.

그런데, 서너 해 전부터 변화가 일어났다.

우리집 아이들이 사고를 치지 않는 것이다. 사시사철 폭행과 기물 파손을 발생시켜 보상금 내고 브로커비, 집세 대출금으로 이자 물기 바쁜 시간들이었는데 이제 아이들이 막 착해지는 것이다. 게다가 평균 6개월인 생활교사들의 근속기간이 늘어나더니, 내 꿈이었던 3년 근속 시 한 달 유급휴가를 처음으로 줄 수 있었다.

한계를 느꼈다.

짧게는 사오 년, 길게는 십여 년 키워서 떠나보내는 애들이 마뜩잖은 때가 있었다. 우리집 떠나는 옥경이가 애인한테 하는 짓을 봤다. 남친이 너무 좋아 기대고 싶으면서도 겉으로는 퉁명스럽게 대하고 자기를 얼마나 사랑하는지 실험하곤 했다. 사랑하면 그냥 잘해주면 되는데 배배 꼬여 괴롭히면서라도 확인해야 안심이 되기 때문이다.

외모도 완벽하게 나를 닮은 성남이는 혼자 살게 되면서 쇼핑중독에 빠

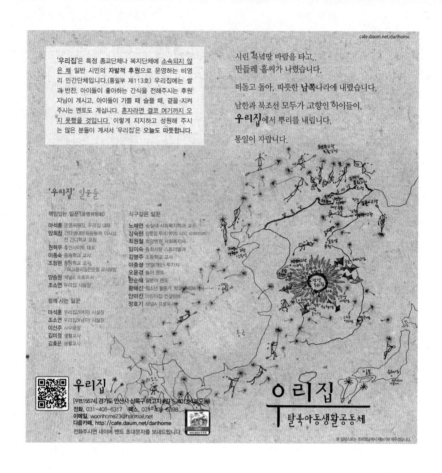

져 산다. 남에게 예의를 다하라는 의미로 가르친 '선물'이었는데 마음을 묶어두는 수단으로 쓰게 됐다.

평생 나랑 살면서 내가 노망 들면 똥도 치워준다던 누구는 군대 간 남친 가족 뒷바라지 한다고 가출을 했다.

이제 그 모든 것이 이해됐다.

내가 아이들에게 가르칠 수 있는 가치는 한두 가지 뿐이었다. 견디고 지키고 저항하고!

그런데 삶은 그걸로 안 되는 것이다. 즐기고 이루고 파괴하고 망가져도 보고 아무 생각 없고!

아이들에게는 다양한 어른들이 필요하다. 서로 다른 가치로 살아가는 여러 어른들을 보면서 자기에게 맞는 방식을 선택하고 책임지며 살아가는 지혜를 배우게 되니까.

잘 키우고 싶으면 함께 키워야 하는 것이다. 너무 늦게 깨우쳤다.

그래서 아이들에게 미안하다.

좀 나누고 바꾸고 싶어 처음으로 우리집 만들기 모금을 했다. 내심 좀 기대가 컸다. '우씨, 한 이삼십억 모이면 우짜지?' 싶었다.

모인 금액은 이자 포함 19,975,014원.

어떤 표정을 어떻게 관리해야 할지 한동안 고민이 들었다.

그러다 지난 추석날 아침에 '영빨'을 받았다. 우리집이 낡았고 쫓겨날 염려도 있고 동네가 좀 후져서 다른 곳의 이사 안 가는 우리집을 소망했는데, 추석날 아침 풍경이 참 감동적이었다. 잠시 살다 떠나갈 줄 알았는데, 이곳이 많은 이들의 고향이라는 것을 깨달은 것이다.

추석날 아침
우리집 동네 골목마다 차들이 가득하다
추석장 본 쓰레기도 산이다.
잠시 살다 떠나는 곳인 줄 알았는데.

가난하고 복잡하고 바퀴 많은 이곳이 많은 이들의 고향이었다

나만 외롭고 우리만 서러운 줄 알았는데
다들 힘들게 살아간다
성깔 안 부리고 '차카게 살아야지' 다짐해 본다

마음이 따스해지는 게 기분이 좋다
못난 놈들은 서로 얼굴만 봐도 흥겹다는
시인의 마음이리라

우리 사는 이곳이 이천 년 전 나사렛이고,
맹구 오줌 눈 저 나무가 보리수였다
우리집 예수님들은 차례를 준비하고
나는 붓다가 된다
추석이다

못난 부모를 바꿀 수 없듯이 척박해도 고향으로 정 붙이고 살아가는 이
웃들을 보니 마음이 숙연해졌다. 힘든 삶을 살았고 앞으로도 적지 않게
힘들게 살아갈 우리 아이들도 이렇게 키우자는 다짐이 들었다.
　해서 기쁘고 감사한 표정을 지을 수 있었다.

　귀하게 모인 돈은 우리집에서 저금한 돈을 조금 보태 월세 보증금으로
쓰기로 했다. 20,142,000원으로 LH공사와 201호, 301호, 401호를 계

약했다.

경기가 나빠 다들 힘든데 도움을 준 손길들이 새삼 고맙게 생각됐다. 그래서 지난 시간 우리집을 지켜준 분들의 이름을 우리집 입구에 새겨놓았다. 그 마음을 간직하고 기억할 것이다. 나중에 통일이 되면 북조선 주민들에게 자랑할 것이다. 우리집은 이렇게 많은 남한 시민들 정성으로 아이들 키운 곳이라고.

우리집의
훈육

엄정함과 공감

 탈북청소년들이 갖고 있는 마음의 병은 너무도 깊다. 그도 그럴 것이 식량난을 피해 고향인 북조선을 떠나와 제3국에서 갖은 설움과 두려움 속에서 헤매다 낯선 남한 땅에서 살게 된 사연을 들어보면, 멀쩡한 것이 오히려 이상할 지경이다. 모진 환경 속에서 가까스로 생존해 오면서 생긴 상처는 몸과 마음에 깊이 남아 오랫동안 이들을 괴롭힌다.

 상처 많은 이들은 보통 '피해자 증후군'의 징후를 보인다.

 과거 고통스러운 나날을 보낸 자기 스스로를 피해자로 여기면서 주변의 이해와 사랑을 요구하는 것이 당연하다고 여기는 것이다. 마치 "난 억울하고 힘들게 살았으니까, 지금 이래도 돼! 너희들은 이런 날 이해해야 해"라는 식의 태도를 보이곤 한다. 잘못을 하고도 그 핑계를 자신의 과거에 돌리거나, 탈북자란 이유로 모면되길 원한다. 탈북청소년뿐만 아니라 성인 탈북민 상당수가 이러한 성향을 가지기에 주변과 갈등을 겪고 주변 인간관계에서 곤란을 겪는다.

우리집 아이들의 경우도 예외 없이 한두 번씩은 꼭 큰 사고를 친다. 마치 인내의 한계를 시험하듯이, 자신들이 사랑을 받고 있음을 확인하기 위해서인지 막무가내로 떼를 쓰고 예상치 못한 범위의 일들도 서슴지 않고 저지르곤 한다. 화가 나면서도 달리 생각해 보면 그렇게라도 상처를 드러내는 것이 고맙다. 하지만, 그러한 습성을 내버려두면 주변은 물론 본인도 지치고 스스로에게 실망하게 된다. 때문에 잘못임을 인식하고 어떻게 해서든 고쳐야 한다.

이런 경우에는 예외 없이 엄한 원칙으로 '어려운 어른'이 되고자 노력했다. 상처받은 그 마음을 알고 이해하지만, 그렇다고 해서 자신의 아픔이 다른 사람을 괴롭힐 수 있는 근거가 될 수는 없다는 사실을 분명히 깨우치게 했다. 떼를 쓰고, 대들고, 기물을 부수고, 말을 안 하고, 칼을 휘두르고, 밥을 안 먹고, 인터넷에 올리고, 가출을 반복해도 잘못된 행동에 대해서는 용서하지 않았다. 동시에 아무리 과거의 아픔이 있다 하더라도 현재의 잘못된 행동에 대한 책임은 스스로가 져야 한다는 사실을 명확히 했다. 그렇게 오랜 실랑이를 거치면서 자신의 잘못을 인정하고 조금씩 고쳐나가는 아이들이 늘어났다. 엄정한 원칙과 예외 없는 처벌을 통해 '합리적인 권위'를 인정하고 순응하는 방식을 익히게 되는 것이다.

하지만 엄한 방식만으로는 한계가 있다. 너무 강하게 다가서면 부러지는 경우도 생기기 때문이다. 그룹홈 종사자는 친권을 가진 부모가 아니라 법적보호자 신분이기에 여러 가지 제약이 많았다. 못 견디고 나가 인연을 끊는 경우도 생겼고, 가출한 아이와 그 부모가 아동학대로 고발해 조사받은 경우도 여러 번 있었다.

다소 부드러운 방식도 병행한 것이 '관계성을 인식'하게 만들었다. 본인이 힘들어 전가하는 상처를 받게 되는 상대방의 아픔에 대해서 인식하고 공감하게 했다. 우리집에서는 가끔 아이들이 돌아가며 자신들이 살아온 얘기를 한다. 기억하기 싫고 끔찍한 과거의 일들을 같은 처지의 친구들 앞에서 이야기하며 생생하게 전달한다. 신기하게도 무척이나 힘들고 슬픈 얘기인데도 불구하고 아이들끼리는 그렇게 심각하게 받아들이지 않는 듯하다. 간혹 울기도 하지만, 대부분은 "이 간나, 너도 거기서 꽃제비 쳤냐? 본 것 같다. 반갑다야"며 즐거워한다.

북조선과 탈북자와 관련된 다큐멘터리도 자주 본다. 북조선의 문화나 풍습을 담은 기록물이나 북조선의 식량난, 탈북민의 아픔을 다룬 영상물이 나올 때마다 모여서 같이 본다. 아이들은 "신경이 난다, 재수 없다"며 짜증내며 고개 돌리면서도 귀를 쫑긋 세우고는 다 본다. 자기 얘기라서 그렇다.

가끔은 우리집에서 일하는 일꾼들의 발표 시간도 가진다. 이런 저런 사연을 가지고 살아왔다고 얘기하면 다들 참 한심하게 본다. "남조선 사람이 얼마나 못났으면 우리하고 사는가, 참으로 허접하고 안습한 인생이구나!"며 불쌍히 여겨준다. 이러한 과정을 통해 사람은 모두 저마다의 아픔을 가지고 태어난 존재란 사실을 알게 된다. 모두가 자기처럼 어렵고 힘든 삶을 살아왔다는 사실을 인식하게 되는 것이다. 본인만 억울하고 힘들게 살아온 게 아니라, 함께 살아가는 우리집 식구들 모두가 아픔이 많은 존재란 사실에 위로 받는다. 슬픔을 위로하는 것은 슬픔이다.

봉사활동

탈북청소년은 주변의 도움을 받는 것에 익숙하다. 이들의 어렵고 외로운 처지를 전해들은 남한 사람들 대부분은 안타깝고 불쌍하게 여겨 뭐라도 도와주고자 애쓴다. 때문에 남한에 입국하는 직후부터 주변의 도움을 받게 되고, 그것에 익숙해져서 자신들은 도움을 받는 것이 당연하다고 여기게 된다.

하지만 이러한 '일방적인 도움과 수용의 (권력)관계'는 결코 오래가지 못한다. 도움을 주는 입장에서도 형편이 늘 한결같을 수 없을 뿐더러, 시간이 지나면서 도움 받는 처지의 사람들이 처음보다 덜 고마워하는 모습과 심지어 당연시 여기는 듯한 태도에 섭섭함은 물론 배신감조차 갖게 된다. 한편 도움 받는 사람들의 입장에서 보면 처음에는 물론 고맙지만, 매번 도와주는 사람의 생색내고 티 내는 태도를 견뎌야 하는 피곤함이 생겨 나중에는 더 이상 도움받기를 포기하거나, 도움 주는 사람이나 단체를 새롭게 바꾸는 '배신(?)'을 저지르기도 한다. 결국은 양쪽 모두 상처받은 마음으로 "상종 못할 몹쓸 것들"이라는 욕과 함께 다시는 '상종'하지 않게 된다.

우리집의 아이들도 마찬가지였다. 작은 그룹홈의 형편상 주변의 도움을 받지 않고서는 운영 자체가 불가능한 처지였기에, 도움을 안 받고 살수는 없는 것이고 그렇다고 아이들에게 소위 시설병이라 불리는 '거지근성'을 심어줄 수도 없었다. 해서 비록 도움을 받더라도 비굴하게 받지 말고, 주변에 우리보다 더 어려운 사람들이 있을 때는 결코 외면하지 말자고 기회 있을 때마다 가르치고 작은 것부터 실천했다.

통일 하나!	가지게 되더라도 남에게 거만하지 않게 베풀고,
통일 둘!	도움 받아 살더라도 비굴하지 않게 받으며,
통일 셋!	누구 하나 소외됨이 없도록 늘 깨어있으며,
통일 사천만!	가난한 이웃을 섬기기 위해 내 삶을 나누고,
통일 팔천만!	한반도의 평화공존을 위해 노력합니다.

우리, 가는 길 험난해도 웃으며 함께 갑니다!

- 우리집 가훈

'고기도 먹어 본 놈이 먹을 줄 안다'는 속담처럼 사랑도 줘본 사람이 사랑을 주고받으며 살 수 있다. 그래서 기회가 생길 때마다 어려운 처지에 있는 사람들에 대한 봉사활동에 적극적으로 참여했다. 소록도 한센병 환자 방문, 서해안 기름 사건 현장 복구활동, 음성 꽃동네 봉사활동, 양로원 정기 목욕봉사활동, 북조선 어린이 돕기 성금모금활동, 정신대 할머니 돕기 활동 등 주변 어려움에 조금이라도 동참할 수 있는 기회를 가졌다. 특히 우리집이 장기적으로 안산 지역사회에 뿌리 내리기 위해서는 지역을 위한 봉사활동을 지속하는 것이 중요하다고 판단되어, 평안도식 김치를 만들어 영구임대주택에 거주하는 독거노인들에게 아이들이 직접 전달하는 행사를 가졌다. 또 세월호 유족분들을 찾아뵙고 함께 촛불집회에 참석하였다.

이러한 봉사활동을 통해 아이들은 조금씩 나눔의 기쁨을 배웠다. 자신들보다 더욱 어렵고 힘든 이들을 위해 무언가 할 수 있는 자신을 발견하면서 마음들이 부쩍 자라는 것이다. 우리집에 다소 여유가 있는 쌀이나

선물 세트나 학용품 등을 몰래 빼돌려 주변의 어려운 친구들에게 나누는 기특한 친구들도 생겨났다. 누구보다 어렵고 험한 일들을 많이 겪은 탈북청소년들이 사랑을 베푸는 모습을 보는 것은 큰 기쁨이다.

일반학교 원칙

우리집 아이들은 일반학교에 다닌다.

검정고시 학원이나 탈북청소년 대안학교에 다닐 수도 있지만, 아주 특별한 경우가 아니면 일반학교에 다니는 것을 원칙으로 한다. 탈북청소년이 남한의 일반학교에 다닌다는 것은 여러가지 어려움을 감수해야 한다. 무엇보다도 자기보다 두세 살 어린 학생들과 동급생이 된다는 현실을 받아들여야만 한다. 나이 어린 친구들에게 반말을 듣고, 또래에게는 선배 대접을 해야 한다는 것이 자존심 강한, 혹은 자존감 약한 탈북청소년의 입장에서 여간 힘든 게 아니다. 또 반에서 거의 꼴찌를 도맡아 하는 창피도 무릅써야 한다. 식량난으로 인한 북조선 교육의 붕괴와 오랜 탈북 과정의 학습 공백으로 인해 기초학력이 부족할 수밖에 없는 탈북청소년이 세계 최고 수준의 입시 경쟁으로 단련된 남한 학생들과 경쟁한다는 것은 불가능하다.

그럼에도 불구하고 일반학교에 다니는 원칙을 세운 이유는 처음에는 힘들어도 남한 청소년들과 같이 부딪히며 살아가는 속에서 적응이 더 잘된다는 확신 때문이었다. 어차피 남한 땅에서 살아야 하는 운명이라면, 하루라도 빨리 더 많이 남한 사회와 직접 부딪혀야 한다. 매도 먼저 맞는 것이 낫다고 어른이 되어 갑자기 노출되는 것보다는 미리 '예방주사'를 맞는 것이 적응에 도움이 된다.

일반학교의 좋은 점은 사회성 발달이다. 학교에서 또래 친구들과 웃고 떠들고 공부하는 속에서 자연스레 함께 어울려 살아가는 방식을 배울 수 있다. 남한 청소년 대부분이 경험하는 시험 스트레스, '땡땡이', 수학여행, 두발 단속, 교복 줄여 입기 등등 같은 학창 시절의 기억을 공유하는 것이 중요하다. 공통의 기억 속에서 자연스럽게 그 사회에 대한 소속감이 생기기 때문이다. 동시에 그러한 과정을 통해서 남한 친구가 생긴다. 학연과 지연 같은 '연줄'이 생기는 것이다.

물론 탈북청소년들이 아무런 완충장치 없이 일반학교에 바로 적응한다는 것은 무리다. 처음에는 학교 가기 싫다고 울고불고 하는 일들이 꼭 생긴다. 반 친구들과도 싸우고 보호자가 학교를 불려가고 하는 소동이 꼭 일어난다. 해서 우리집에서는 지역의 일반학교와 서로 협력하는 체계를 만들었다. 교사와 학부모에 대한 이해 교육, 학교 선생님들이 지도하는 과외와 상담, 가정생활 경험 나누기, 남북청소년 평화 캠프, 지역사회 뿌리 내리기 프로그램, 소외계층 봉사활동 등등 탈북청소년들에게 필요한 여러 가지 특별 프로그램을 일반학교와 함께 운영하고 있다.

여기서 한 가지 예를 들자면 일반학교 적응 지원 프로그램인 가정생활 경험 나누기에서는 학교 선생님이나 반 친구 집안의 결혼, 출산, 돌잔치, 제사, 성묘, 군 입대, 상례 등의 가정행사에 탈북청소년들이 직접 참석해서 체험하게 한다. 이러한 과정을 통해 자연스럽게 한국 사회에 익숙해지고, 가정의 소중함에 대해 인식하게 된다. 또한 이 과정에서 사회생활이란 지속적인 인간관계로 이루어져 있고, 그러한 인간관계를 잘 만드는 것이 중요하다는 사실도 깨우친다.

자투리 콩의
희망 이야기

콩깍지를 가만히 열어보면
자투리 콩을 발견하게 됩니다.
같은 줄기에서 자란 형제들은 죄다 크고 탱탱하지만,
콩깍지 끝에 있는 자투리 콩은 크기도 작고 쭈글쭈글한 것이
참 볼품이 없습니다.

먹기도 찜찜해서 마당에 던져뒀는데,
신기하게도 거기서 싹이 나더군요.
놀랍고 기특해서
물도 주고 거름도 주면서 정성을 기울였지요.
그랬더니 한줄기 가득 탐스러운 콩깍지가 주렁주렁 달리는 겁니다.
그 초라하고 볼품 없던 자투리 콩에서 말입니다.

'생명'이란 게 참으로 신비롭습니다.

자투리 콩을 보면 늘 탈북청소년들이 생각납니다.
자본주의 사회의 '경쟁력'하고는 상관 없는 아이들,
그들의 가치, 꿈, 희망, 가능성은 어떻게 찾을 수 있을지 늘 고민입니다.

답답하고 쓸쓸합니다.
'잔치'는 벌써 끝났어도 '지갑' 챙겨 떠나지 못하는 이유는,
희미하게 깜박거리는 희망이 발목을 잡기 때문입니다.
정의가 물결치는 평화로운 통일 세상의 꿈이
자투리 콩 같이 버려진 우리 아이들 안에서 새록새록 자랍니다.
거짓말처럼 신기한 희망의 이유들을 봅니다.

통일의 자격
갖추기

그룹홈에서 탈북청소년을 보살피는 현장 활동가로 일하지만, 관련 법과 제도를 고치는 일과 분리될 수 없다. 그래서 북한이탈주민 지원 민간단체연대 운영위원장으로서 민간단체들의 연대 활동에 참여하여 정부 정책을 감시하고 제도 개선을 요구하는 일을 하며 각종 언론에 기고하고, 학교나 사회단체의 통일교육, 다문화교육 강사로도 활동한다. 여기서는 기고문이나 강연 글, 정부 정책을 감시하고 개선 방향을 제시한 글들을 모았다.

정치적인 통일과 경제적인 통일의 바탕에는 남북 주민들이
함께 살아가는 사람의 통일이 있다.
사람이 같이 살아가기 위해서는 마음이 통해야 한다.
사람의 마음은 좋은 일보다는 어려움을 함께할 때
서로 소통하게 된다.

이미 시작된 통일,
팔천만 개의 통일

통일은 하나가 아니다.

반세기 넘게 분단된 남한과 북조선이 삶의 수많은 영역에서 합치고 공존하는 방식은 결코 하나가 될 수 없다. 정치의 통일, 경제의 통일, 사회와 문화의 통일, 언어의 통일, 생활 방식의 통일 등 남북의 통일에는 수만 가지 통일이 필요하다. 그러나 그 모든 통일들의 기본은 바로 '사람의 통일'이다.

통일의 궁극적 모습은 남한 사람과 북조선 사람들이 함께 어울려 살아가는 것 이상도 이하도 아니다. 정치, 경제, 사회, 문화 등 다른 모든 것들의 통일도 결국 남북 주민들이 같이 살아가기 위한 삶의 다양한 조건들에 불과하다. 그러기에 우리가 통일을 준비하는 과정에서 놓치지 말아야 할 것은, 통일이 되면 남북의 사람들이 함께 살아가야 한다는 사실이다.

사람이 같이 산다는 것은 결코 쉽지 않다. 남한 사람끼리도 지역 갈등이니 세대 갈등, 보혁 논쟁이니 하며 다른 나라 사람보다도 못하게 지내는 경우가 많은데, 하물며 남북은 자본주의와 사회주의라는 전혀 이질적인 사회체제를 가지고 반세기 넘게 총부리를 마주하고 반목하며 살아왔다. 멀게는 6.25에서부터 가깝게는 연평도 포격까지, 서로를 물리쳐야 하는 적국으로 여기고 살아온 아픈 상처는 쉽게 지워지지 않는다. 남북은 이미 같은 나라, 같은 민족이 아니라는 주장도 제기될 정도로 분단 70년 단절의 골은 크고도 깊다.

남북이 통일되려면 어제의 원수였던 사람들이 같은 국민으로, 동족으로, 이웃으로, 친척으로, 가족으로, 친구로 함께 살아가야 한다. 그 혼란과 갈등이 두려워 통일을 귀찮아 하거나 반대하는 목소리도 크다. 그런 와중에 서슬 퍼런 대치를 뚫고 북조선에서 남한으로 건너와서 생활하는 사람들이 있다. 소위 탈북민이라 불리는 '남한에서 생활하는 북조선 출신 이주민'들인데 2018년 현재 3만 명이 넘었다. 남북 주민이 같이 사는 것이 통일이라면 이미 '작은 통일'은 시작된 것이다.

하지만, 지금 우리가 미리 경험하는 통일의 모습은 별로 반갑지 않은 모습이다. 북조선 고향을 떠나 남한에서 생활하는 탈북자들의 남한살이는 힘들고 고달프다. 절대적인 빈곤이 싫어 도망쳤지만, 그들은 남한에서 생각지도 못했던 상대적인 가난에 시달리며 살아가야 한다. '이밥' 한 번 실컷 먹고 싶어 왔는데, 남한 사회의 엄청난 노동 강도와 경쟁체계 속에서 정작 먹을 시간이 없어 굶주려야 하는 황당한 일도 겪는다. 또 '이밥'

이라면 다 맛있는 줄 알았는데, 생활보호대상자로서 받아먹는 정부미 맛은 북조선에서 먹던 강냉이 죽만큼이나 비참하다는 사실도 뒤늦게 깨닫게 된다.

남한 사람들의 편견 또한 심하다. 북한에서 왔다고 하면 동물원 원숭이 보듯 하면서 근거 없는 선입견을 갖고 차별적 대우를 한다. 못살고 가난한 나라에서 온 불쌍한 거지 취급을 한단다. 많은 탈북민들은 처음에는 귀순용사라고 추켜세우다가 이내 무능력하고 귀찮은 생활보호대상자로 대하는 남한 사회의 냉혹함에 치를 떤다. 상당수가 실업자 신세인데 차라리 조선족이라고 하면 취직하기 쉬워 거짓말을 하기도 한다. 때문에 꿈에도 그리던 '따뜻한 남쪽 나라'는 남한이 아니었다고, 유럽이나 캐나다로 망명하는 탈남탈북자들도 적지 않다. 이처럼 미리 주어진 통일 상황으로 볼 수 있는 탈북민들의 남한 사회 적응 과정에서 예상치 못했던 다양한 문제들이 나타나고 있다. 하지만 실망하고 좌절하기에는 아직 이르다. 갈라진 민족사의 상처를 보듬는 과정이 쉬울 수는 없다.

무엇보다 우리가 원하고 준비해야 하는 통일이 과연 무슨 의미인지 근원적으로 돌아보고 차분히 준비해야 한다. 우리들 마음속에 통일을 통해 경제적 실리만을 챙기고 싶은 기대와, 가난한 북조선 인민들에게 남한의 부를 과시하며 으스대고 싶었던 삿된 욕심이 없었는지 되짚어 보아야 한다. 북조선 동포들이 굶주림과 재해로 고통받을 때, 과연 무엇을 했는지 반성해야 한다. 그리고 통일을 위해 '미리 온 손님'으로 볼 수 있는 탈북민들이 남한 사회에 안정적으로 적응할 수 있도록 돕고, 이들과의 통합 과정을 미리 주어진 통일 상황으로 보고 통일을 대비한 여러 가지 실험과 체계적인 준비를 해야 한다.

통일은 이미 시작되었다. 남북 주민들이 서로의 고통을 위로하고 돕는 속에서 더욱 다져질 것이다. 나는 탈북청소년들과 함께 살면서 미리 통일을 만나고 살아보는 행운을 맛보고 있다. 직접 살아보니 통일은 기대했던 것과 달리 별 맛이 없었다. 그냥 우리가 매일 먹는 밥맛이었다. 그런데 원래 사람 사는 것이 가끔은 구질구질하고 자주 심심하고 어쩌다 한 번 짜릿한 것 아니던가!

탈북청소년이 지니는
존재의 다양한 의미

　조선 인민들이 겪은 고통에 대한 인식과 해석은 아주 추상적이고 철학적인 주제인 동시에 지극히 현실적인 문제다. 북조선에 몰아친 극심한 식량난으로 인해 굶어 죽어간 우리 동포는 백만 명 이상이다. 식량난을 피해 중국으로 제3국으로 탈북해 숨어 지내는 이들도 수십만이고, 남한 땅에 들어온 이들도 약 3만 명 정도다.

　이들을 단지 불쌍한 동포 정도로 여기고 마는 것은 참으로 어리석고 안타까운 일이다. 왜냐하면 이들이 겪은 고통을 통해 갈라진 한민족이 단결하고 더욱 성숙하고 깊어질 수 있는 다양한 가능성을 묻어버리는 일이기 때문이다.

　해서 그러한 인식들을 '존재의 다양한 의미'라는 형식으로 정리해 보았다. 아주 개인적인 느낌일 수 있지만 감히 나누고자 한다. 이들과의 깊고 진진한 만남 속에서 너무나 많은 감동과 깨우침을 얻을 수 있었고, 통일을 미리 체험해보는 값진 경험도 할 수 있었기 때문이다. 이들을 알고 이해하는데 도움이 되었으면 하는 바램이다.

통일을 위해 미리 온 손님

먼저 탈북청소년들이 향후 남북의 통합 과정에서 감당할 것으로 예상되는 긍정적 역할에 대한 기대감이다. 다시 말해 탈북청소년이 남한 사회에 적응하는 과정은 미리 주어진 통일 상황으로도 볼 수 있기에 통일을 대비한 다양한 방면의 체계적인 준비가 가능하다.

이것은 별다른 준비 과정 없이 정치적 통합부터 이룬 남북 예멘이 결국 내전으로 치달은 사례나, 상당한 기간의 준비를 하고서도 동서독 국민 사이의 갈등 조정 비용만으로도 막대한 자본이 소요되고 있는 통일 독일의 사례와 비추어 볼 때, 통일을 위해 사전 작업을 가능하게 하는 이들의 존재 의의는 아무리 강조해도 부족함이 없다.

하지만 이와 반대로 이들로 인해 통일에 부정적인 영향을 끼칠 가능성도 배제할 수 없다. 안타까운 일이지만 현재와 같이 탈북민의 상당수가 사회 적응에 실패해 남한 사회의 사회경제적 약자로 자리잡고 있는 현실이 계속된다면 통일을 반대하는 목소리가 커질 가능성이 높다. 이것은 남한 사회에 부적응하는 '탈북민 집단'에 대한 남한 사회 내의 부정적인 여론도 문제가 되지만, 통일의 또 다른 당사자인 이천오백만 북조선 주민들조차 남한과의 통일을 반대하는 주요한 명분으로 작용할 가능성이 크다는 데 문제의 심각성이 있다.

정치적인 통일과 경제적인 통일의 바탕에는 남북 주민들이 함께 살아 가는 '사람의 통일'이 있다. 사람이 같이 살아가기 위해서는 그 마음이 통해야 한다. 사람의 마음은 좋은 일보다는 어려움을 함께할 때 서로 소통하게 된다. 좋을 때는 굳이 나누지 않아도 그 자체로 좋은 것 아닐까? 때문에 가장 기본이 되는 통일은 '마음의 통일'이며 '고통의 나눔을 통한 통일'이다.

평화교육의 모델

남북은 6.25라는 동족상잔의 비극적인 전쟁을 거치고, 서로에게 총부리를 겨눈 채로 70년이 넘은 기간 동안 적대국으로 대치한 분단국가다. 전 세계에서 전쟁 위험이 가장 높은 지역에 살고 있는 남북의 청소년들 사이에 이루어지는 통합교육은 갈등 상황에서의 '평화교육 모델'로서 손색이 없다. 이러한 한반도의 '평화 모델'을 만들고 다듬어서 팔레스타인 지역, 코소보, 르완다, 이라크 등 전 세계의 분쟁과 갈등지역에 전할 수 있다면, 수천억을 들이고도 테러 위협을 받게 되는 이라크 파병과는 비교도 되지 않을 정도로 세계 평화에 이바지할 수 있을 것이다.

한국 현대사의 가장 비극적인 존재

탈북자란 존재는 한국 현대사의 모든 아픔이 집약된 중층적 모순 덩어리다. 이들은 북조선 사회의 극심한 대량기근을 피해 정든 고향과 친지를 떠나 중국 등 제3국에서 강제 북송의 위협과 모진 고통을 겪었다. 그리고 70여 년 남북 분단으로 인한 민족 갈등과 좌우 이념 대립의 희생양이고, 남북간 체제 경쟁과 자존심 싸움의 수단이었으며, 북조선 당국의 인권 문제를 공격할 때는 외교적 압박카드로 사용되고 있다. 또한 고도 자본주의 사회인 남한에서의 정치적·경제적 난민이며, 이질적인 사회에서 문화충격과 편견으로 고통받는 대표적인 소수자 집단이며, 남한 자본주의 사회에서 무능한 경제적 약자이며 각종 범죄를 일으키는 문제 집단으로 낙인찍혀 있다. 우리 민족의 현대사에서 이보다 더 비극적인 존재는 찾아보기 힘들 정도다.

우리 민족에게 큰 아픔이 있었음을 일깨우는 존재

1997년을 전후한 북조선의 '고난의 행군' 시절에 참으로 많은 북조선 동포들이 굶어 죽었다. 어떤 민간단체의 통계로는 아사자가 100만 명 이상 되었다고 한다. 사람이 굶어 죽기까지 얼마나 오랜 기간의 영양결핍과 그로 인한 각종 질병과 서러움이 있었겠는지 가히 짐작하기도 어려운데, 열 명도 백 명도 아니라 생때같은 목숨 100만 명이 굶어서 죽는 비극이 우리 민족에게 일어났다.

다행히 현재 남한에 들어온 탈북민이 약 3만 명 정도 되지만, 이들이 정든 고향을 떠나 중국 등 제3국을 떠돌면서 체포와 강제송환의 두려움 속에서 불안한 신분으로 살아야했던 과정에서 받은 상처는 남한에 온 이

후에도 아물지 않고 남아 있다. 굶주림의 상처, 병을 얻거나 다치고, 도망자 신세로 학대받던 기억, 가족 친지와 생이별한 고통은 쉽게 지워지지 않고 몸과 마음에 깊이 남아, 남한에 온 후에도 지속되며 각종 질병의 원인이 되는 것이다. 기근의 후유증은 남한에 와서 잘 먹는다고 일시에 해결될 수 없다. 위장병, 피부병, 척추 손상, 탈모, 여성 질환, 비만, 신경증 등 기아와 탈북 과정에서 입은 신체적·정신적 상처는 상당기간 이들을 괴롭히고 있는 실정이다.

이러한 탈북청소년들의 고통은 현재까지 계속되고 있다. 그들의 존재가 아픔의 기억을 증거하고 있는 것이다.

우리를 아주 불편하고, 부끄럽게 만드는 존재

처음 하나원에 온 탈북민 중에서 식당 뒤편 잔반 버리는 곳에 서서 흐느껴 우는 사람들을 볼 수 있었다. 하나원 공무원, 전투경찰, 자원봉사자들이 먹고 남긴 음식 찌꺼기가 한통 가득한 모습을 보면서 우는 것이다. 어찌 같은 하늘 아래 이런 일이 있냐고, 한쪽에서는 굶어서 죽는데 여기는 어떻게 음식이 쓰레기가 되냐고, 굶어 죽은 가족들 생각에 우는 것이었다.

남한에서는 현재 하루 평균 음식물 쓰레기가 1만5천 톤이 발생하며 연간 500만 톤에 달한다고 한다. 그렇게 남는 양이면 굶주린 동포 수백만 명이 충분히 먹고 살 수 있는데, 과거 남한 사회는 같은 민족의 아픔을 외면했다. 식량을 주면 그것이 군량미로 쓰이고 핵폭탄이 되어 돌아온다는 논리 때문이었다. 그러한 논쟁은 아직도 별로 나아진 게 없는 듯하다. '대북 퍼주기', '구호물자의 군수품 전환' 논쟁은 계속되고 있다.

남한에 귀순한 탈북민 상당수는 낯선 남한살이에 힘겨워한다. 절대적인 빈곤이 싫어 도망쳤지만, 그들은 남한에서 생각지도 못했던 상대적인 가난에 시달리며 살아가야 한다. 이혼이나 가출로 가정이 해체되는 경우도 부지기수다. '남조선보다야 낫겠지!' 하는 막연한 기대로 미국, 영국, 호주, 케나다 등지로 또다시 떠나는 이들도 적지 않다.

이처럼 남한 사회에서 탈북민의 존재는 남한 사람들의 마음을 부끄럽고 불편하게 만들고 있다. 남한 사람들 마음이 불편한 이유는 그들이 자신들의 삶의 근원적 딜레마를 건드리기 때문이다. 같은 민족으로서의 양심과 현재 자신들의 삶의 질에 대한 성찰을 촉구하고 있기 때문이다.

'통일을 바란다면서 과연 뭘 했나.'

'남한 사회는 북한에 대한 상대적 우월감 너머에 절대적인 행복의 자리를 찾아보기는 힘들다.'

이들의 존재와 삶이 제기하는 이런 근원적 문제들에 대해 부정적으로 여기는 것은 어리석은 태도라고 본다. 부끄러움이란 '자아에 집중하는 자존감 있는 사람만이 느끼는 소중한 감정'이라고 한다. 부끄러움과 불편한 진실을 받아들여 우리의 삶을 좀 더 성숙하게 만드는 계기로 만드는 것이 현명한 태도다.

무너지지 않고 살아줘서 고마운 존재

유태인 강제 처형으로 악명 높은 아우슈비츠 수용소에 끌려간 사람의 95%에 달하는 약 400만 명은 도착 30분 내에 가스실에서 처형되었다. 언제 죽을지도 모르는 극심한 공포 속에서 엄청난 행운과 초인적인 정신력으로 살아남은 5%의 사람들 중 90%는 자기 경멸로 인한 정신적 황폐화를 극복하지 못해 결국은 알코올이나 약물중독 혹은 자폐증으로 고생하다 생을 마쳤다고 한다.

90년 후반에 북조선 동포들과 탈북민이 겪은 고통 또한 그에 못지않다. 대량기근 속에서 100만 명 이상이 목숨을 잃었고, 30만 명 정도는 북조선을 떠나 중국 등 제3국에서 헤매야 했다. 용케 목숨을 부지해 다시 고향으로 돌아간 사람을 10만 명 정도로 추정하고, 아직 중국 등 제3국에서 오매불망 남한 행을 기다리는 5만 명 정도로 추정해 볼 때 적어도 나머지 10만 명 정도는 그 행방을 알 수 없다. 안타까운 일이지만 그들 중 상당수는 강제 북송되었거나 두만강, 메콩강, 고비사막을 건너다 목숨을 잃은 것으로 알려져 있다.

현재까지 남한에 들어온 3만 명 정도는 그야말로 행운아이며 살아있는 기적이다. 비록 대다수가 과거의 상처와 현실의 어려움 속에서 힘겹게 살아가고 있지만, 죽지 않고 살아와줬다는 사실만으로도 그들은 고마운 존재들이다. 왜냐하면 우리 민족의 아픔을 보듬을 기회를 주기 때문이다. 살아남은 이들과 그 아픔을 애써 무관심했던 이들과 아무 것도 못하고 지켜봐야했던 이들의 마음에 남겨진 미안함과 부끄러움을 만회할 기회를 주기 때문이다. 뒤늦게나마 그 고통에 동참할 수 있는 기회를, 인간에 대한 최소한의 예의나마 지킬 수 있는 기회를 주는 고마운 존재다.

통일이 가장 절실한 존재

　남한 사회에서 통일은 더 이상 '우리 모두의 소원'이 아니다. 분단된 조국의 통일이란 당위적 가치는 점차 그 설득력를 잃고 있다. 초등학생에 대한 어느 언론사의 설문조사에서 70% 이상의 학생들이 통일에 부정적이었단 통계와, '남한 경제의 최대 위협은 통일'이라는 말이 자연스럽게 회자되는 현실에서 볼 수 있듯이 남한 사회에서 통일은 필수가 아닌 '선택'이 되어가는 실정이다. 현재의 경제 발전에 부담을 주지 않는 선에서만, 부동산이나 주식 시세에 별다른 영향이 없는 전제에서만 받아들일 수 있는 선택사항일 뿐이다.

　반면에 탈북청소년에게 통일은 다르다. 이들에게 통일은 꿈에도 그리던 고향과 헤어진 친지들과 다시 만나는 절실한 문제이기에 결코 선택이 될 수 없다. 평생을 두고 기다리고 만들어야만 하는 생존의 이유가 된다.

　한반도의 통일이 역사적으로 가치 있는 일이라면 그것은 통일을 가장 절실히 바라는 존재들을 통해 힘을 받고 추진될 것이다. 가치 있는 역사적 사건이 '해도 그만 안 해도 그만'이라는 정도의 마음가짐으로 이루어질 리 없기 때문이다. 통일이 가장 절실한 존재가 바로 탈북청소년들이다.

'경계인'적 존재의 특성

고향인 북조선을 떠나 남한 사회에서 제대로 적응하지 못하고 살아가는 탈북청소년은 남북 어느 사회에도 속하지 않는 소위 '경계인'이다. 난민이며, 소수민족이자 비주류인 이들의 처지에서 보이는 남한 사회의 모습은 오랜 기간 남한 사회에서 익숙하게 살아온 이들에게는 결코 보이지 않는 것들도 보게 만든다. 물론 남한 사회가 다져온 장점도 발견하겠지만, 대부분은 남한 사회의 구조적 모순에 대한 본능적 통찰이 될 것이다.

전통사회의 급속한 해체 과정과 고속 경제 성장을 경험한 남한 사회는 각종 부조리와 불합리성을 남겨 둔 채로 급하게 달려왔다. 사회 곳곳에 자리잡은 뿌리 깊은 구조적 모순은 암덩어리처럼 한국 사회의 생명력을 갉아먹고 있다. 이러한 모순 구조는 이미 선진국 진입을 노리는 한국의 발목을 잡는 주요 원인이 된다. 불평등과 불합리성을 남겨 두고 달성하는 선진국은 그 자체로 불가능할 뿐만 아니라, 무의미하다.

따라서 경계인적 특성을 지닌 탈북자들의 시각을 통해 남한 사람들이 미처 볼 수 없었던 모순들을 발견하고, 그들의 입장과 의견을 정책에 반영할 수 있는 체계를 만드는 것은 남한 사회를 더 성숙하고 높은 통합능력을 지닌 사회로 만드는 값진 계기가 될 수 있으리라 기대한다.

새로운 민족 개념 형성의 계기가 되는 존재

최근 다문화가 유행이다. 노동 현장은 물론 교육계나 종교계에도 '다문화, 다민족, 무지개' 바람이 불고 있다. 언제부터 이렇게 타문화와 소수자에게 관심을 가졌나 싶을 정도로 갑자기 극성들이다. 전국 각처에 수백억 예산으로 외국인노동자센터, 다문화센터가 지어지고, 학교 현장에서는 다문화교육이란 이름으로 국적 불명의 교육 프로그램들이 쏟아지고 있다.

한국 사회에 다문화 '광풍'이 불고 있는 것은 신자유주의가 강화되면서 초국적 거대 자본의 요구가 반영된 결과다. 이제는 민족이라는 틀조차 자본의 입장에서는 '진입 장벽'으로 작용하기에 해체시키고자 하는 것이다.

문제는 이러한 흐름 속에 탈북청소년도 다문화청소년 그룹 속에 도매금으로 넘겨진다는데 있다. '그들'의 입장에서는 탈북청소년의 존재적 특성은 전혀 고려의 대상이 아니며, '외국인 노동자 자녀'처럼 잠재적인 저임금 노동인력의 대상에 불과하다. 때문에 다문화 청소년의 틀 속에 같이 두고 관리해야 할 필요성이 반영된 결과다.

한국 사회에서 단일 민족의 신화가 깨어져 다민족 사회로 가는 흐름은 일정 부분 바람직하며 거스를 수 없는 시대의 대세다. 그렇지만 지금처럼 개별 민족의 전통문화와 가치, 특성이 시장의 논리대로 일방적으로 해체되는 방식은 반드시 막아야 한다. 왜냐하면 민족이란 가치가 근대에 생성된 상상의 공동체인 측면이 있지만, 분단된 한민족에게는 그 민족이란 가치가 현실의 공동체를 만드는 가장 든든한 정신적 토양이 되는 특수성이 존재하기 때문이다.

한국이 열린 다민족 사회로 여러 소수민족들이 함께 살아가기 위해서 민족의 개념이 수정될 필요성이 제기되고 있다. 민족은 혈통이나 문화, 민족성과 같은 실체를 독점적으로 공유하는 배타적인 집단이라기보다 고

통과 고뇌를 공유하면서 그 고통에서 해방되기를 지향함으로써 서로 연대하는 집단으로 거듭날 필요성이 있다. '멀리 있는 사촌보다 가까이 있는 이웃이 낫다'라는 속담처럼 아픔을 함께하고 고난 극복에 동참하는 이들이 바로 같은 민족의 구성원이 되는 것이다. 따라서 민족의 새로운 개념은 '고통의 동참과 극복의 연대'라는 입장에서 보는 것이 바람직하다고 생각한다.

이러한 측면에서 남한 사회는 북조선의 현실적 고통에 동참하고, 외국인 노동자와 까레이스키, 라이따이한, 재일조선인 등 재외동포의 고난에 동참하는 노력으로 함께 할 수 있다. 편견과 부조리를 없애고 그들과 함께 밝고 건강한 사회를 만들어가는 노력 속에서 새로운 민족의 개념이 형성될 것이면, 그러한 포용력이 한민족의 강한 경쟁력이 될 것이다.

탈북청소년 생활보호의 허와 실

　탈북청소년 문제가 우리 사회에 제기된 지도 벌써 십여 년이 지났다. 그간 참으로 많은 변화가 있었다. 탈북청소년이란 용어조차 낯설던 시기에 이들을 돌보고 교육하는 일이 통일을 위해 꼭 필요하다고 얘기하면 빨갱이나 간첩 취급을 받을 때도 있었다.

　지금은 많이 달라졌다. 교육부의 탈북청소년 교육지원센터, 통일부의 북한이탈주민지원재단, 여성가족부의 무지개센터 등 정부기관의 공식 지원은 물론, 전국의 다문화센터와 하나센터, 복지관, 민간단체의 지원 프로그램 등 사회적 관심과 제도적 지원이 넘쳐난다.

　하지만, 이러한 외형적인 성장에도 불구하고 일선 현장에서 느끼는 답답함은 커져 가고 있다. 과연 지금의 방식이 맞는지 의문이 생긴다. 훨씬 더 어려운 환경에서도 별다른 지원 없이 꿋꿋이 생활하는 남한 사회 소외계층과 비교해 역차별이라는 지적이 늘어간다. 탈북청소년과 다문화청소년이 뭐가 다른지 헷갈려 한다. 무엇보다 탈북청소년들을 실제로 접해보면서 이들의 '영악한' 모습에 실망하고 배신감조차 느낀다고 토로하는 사람들이 늘어나면서, 잘 몰라서 생기는 편견이 어울리기조차 싫다는 피로감 증가 현상으로 나타나고 있다. 현장의 활동가들도 초기에 가졌던 열정이 점차 사라지고 매너리즘에 빠지는 경우가 많다.

민간 지원 활동의 순수성이 의심받는 분위기

요즘 들어 피치 못할 사정으로 자녀들을 그룹홈이나 기숙학교 같은 보호 단체에 위탁하고자 하는 탈북자 부모나 친지들의 태도가 달라지고 있다. 예전에는 제자식을 거두지 못하고 맡긴다는 죄책감으로 미안해하고 고마워 하는 모습이 대부분이었는데, 언제부터인가 당연한 '서비스'를 요청하는 식으로 변하고 있다.

그룹홈에 와서 시설을 둘러보고 다른 그룹홈이나 대안학교 기숙사와 비교하며 아이들을 '맡겨 줄지 말지'를 고민하는 탈북자 부모들이 많아졌다. 하나원 하나둘학교의 의뢰로 입소하는 무연고 탈북청소년들의 경우도 '소개'받아 '배치'된 곳에서 계속 '살지'를 '재는' 기간이 예전에 비해 훨씬 늘어났다.

그들이 무엇보다 받아들이기 힘들어 하는 것은 그룹홈에서 생활하면 탈북청소년 몫으로 나오는 40만 원 내외의 기초생활수급금을 그룹홈에서 공동 관리하며 운영금으로 사용한다는 사실에 대한 저항감이다. 탈북자 부모나 탈북청소년이 주장하는 논리는 정부에서 운영하는 시설에서 탈북자를 위한 서비스를 제공받는데, 왜 자신들 명의로 입금되는 생계지원금을 내놓아야 하냐는 것이다.

더구나 "공짜로 하는 데도 많은데, 여기는 왜 그러냐?"는 말을 들으면 할 말이 없어진다. 왜냐하면 실제로 최근 몇몇 그룹홈은 '공짜로' 하는 데가 생겼기 때문이다. 일부 종교 단체에서 운영하는 몇몇 그룹홈과 북한이탈주민지원재단에서 공동 운영하는 국영 그룹홈에서는 정부 생계지원금을 건드리지 않고 탈북청소년 개개인이 관리하게 하고 있다.

이에 대해 그룹홈 관리 규정에도 당연히 생계비 정부 지원금은 공동 관리하게 되어 있고, 미성년인 청소년들이 그 돈을 본인 스스로 관리한다는 것 자체가 교육적으로 문제일 뿐 아니라 탈선과 비행의 원인이 되며, 실제로 탈북청소년 한 명당 소요되는 경비가 평균 잡아 한 달에 80만 원이 넘는다는 객관적 사실을 설명해도 이해를 못한다. 더구나 우리집의 경우 국가의 공식 지원이나 종교단체의 지원도 받지 않고 자발적 시민들의 출자로 운영되는 순수 민간단체라고 설명하면, 거의 바보나 사기꾼 취급을 받곤 한다.

'공짜로' 하는 데와 '돈 받고' 하는 데가 무연고 탈북청소년 입소를 두고 경쟁을 벌이는 묘한 구도가 형성되면서, 생계지원금을 공동 관리하며 그룹홈을 운영해야한다는 지극히 상식적인 일이 파렴치한 일로 치부되는 현상도 생기고 있다. 이는 교육적으로도 바람직하지 못하며, 그룹홈 운영에도 악영향을 주어 장기적으로 그룹홈의 자립이 불가능한 구조로 고착화시키는 원인이 된다. 또한 전국에 있는 90여 개의 남한 무연고 청소년 그룹홈과 차별화되는 특이한 구조이기에, 형평성 시비와 더불어 과잉복지 논란을 불러일으키게 될 것이다.

'시설 투어' 현상의 증가

탈북청소년 중에는 한 곳에서 뿌리내리고 생활하지 못하고 각종 시설을 전전하며 생활하는 이들이 늘어가고 있다. 즉, 한 곳에서 '사고'치고 가출해서 다른 곳에 들어가서 생활하다가 또 문제가 생기면 다른 곳으로 옮기는 것이다.

이러한 현상은 2000년대 초중반 무렵 탈북청소년 지원 단체 사이의 네트워크가 원활하지 못했던 시기에 나타났다가 이후, 이러한 문제의식을 공유한 민간단체의 암묵적 합의로 '시설 투어'를 용인하지 않는다는 원칙이 생기면서 거의 사라졌던 현상인데 최근 들어 다시 나타나고 있다.

생활보호 단체의 입장에서, 무연고 탈북청소년이 입소하면 첫 달에 가장 많은 경비가 지출된다. 하나원에서 퇴소할 때 갖고 나오는 것이라고는 철 지난 옷 몇 가지와 이불 한 채, 전기밥통 하나와 가스레인지 하나, 비누 세트랑 용돈 십만 원이 전부다. 거기에 온갖 종류의 질병 치료와 브로커비로 생긴 빚은 필수 옵션이다. 더구나 정부 생계지원금은 하나원 퇴소 두 달 무렵부터 소급 적용되어 나오기에 첫 달에는 나오지 않는다. 그렇다고 탈북청소년의 정착금을 쓴다는 것은 도의적으로 문제가 되기에 첫 달에는 어쩔 수 없이 단체의 자체 경비로 선지출하는 항목이 많다.

일반 중고등학교에 다니면 동하복과 체육복을 포함한 교복이 거의 50만 원, 제철에 맞는 옷가지와 신발, 책가방, 학용품 등으로 50여만 원, 병원비의 경우 의료보호 대상이지만 해당이 안 되는 치과나 문신 제거 등의 성형 비용으로 30여만 원, 핸드폰 개설 비용으로 20여만 원 등 첫 달에만 거의 150여만 원이 들어간다. 물론 탈북청소년 한명이 남한 사회에서 새 출발을 하는데 당연히 필요한 경비이기에 기쁜 마음으로 준비하는 보람된 과정이지만, 문제는 그 아이가 한 달도 안 되어 가출을 하는 경우다. 그것도 이곳이 마음에 들지 않는다면서 다른 곳에 가는 모습을 보면 '먹튀'에 대한 배신감과 남은 '카드 빚'으로 속이 부글부글 끓게 된다.

흔들리는 민간단체의 자립 기반

민간단체의 자원봉사자들이 줄어드는 문제도 있다. 민간단체 활동의 핵심은 무보수의 자발적 시민들의 참여로 이루어지는 것인데, 그 존립 기반이 흔들리는 현상이 나타나고 있는 것이다.

지역사회 시민들이 자발적으로 참여하는 지원활동은 다양하다. 후원금 내기, 정기 방문, 탈북청소년 남한 가정집 초대, 일반학교 교사의 무료 학습멘토링, 미술치료, 음악치료 등의 특수교육 프로그램, 주말 식사 함께 만들기, 통일 프로그램 참가하기, 방학 중 캠프 프로그램, 소외계층 봉사활동 등 대부분의 그룹홈 활동이 지역사회 시민들과 함께 진행된다.

탈북청소년 생활공동체 우리집이 지난 10여 년간 지역사회 시민들과 함께 해온 이유는 이러한 방식이 바로 풀뿌리 통일 운동이란 신념 때문이다. 남북의 통일에는 정치적, 경제적 통일도 있지만 가장 근본적인 통일은 '사람의 통일'이다. 때문에 남한의 시민들과 탈북청소년들이 함께하는 것 자체가 '미리 체험하는 통일'이며 '통일 운동'이 된다. 전국의 방방곳곳에, 시민들의 일상에 자연스럽게 자리잡은 통일 운동의 거점을 지키고 키우는 일이야말로 통일의 실질적 기반을 확대시키는 중요한 일이다.

그런데 최근 들어 지역사회 시민들의 참여가 줄어들고 있는데, 그 원인은 우리집이 정부 지원 단체라는 오해 때문이다. 언제부터인가 탈북청소년 그룹홈은 국가에서 지원하고 운영하는 곳이라는 인식이 퍼져, 더 힘들고 어려운 민간 시설도 많은데 국가에서 운영하는 시설에 굳이 기부하고 봉사할 필요성을 느끼지 않는다는 시민들이 늘어나고 있다. 만나는 사람들마다 우리집은 순수 민간단체라는 사실을 얘기하고, 매달 회계장부를 공개해도 인식의 변화가 쉽지 않다.

또한 기존에 열심히 봉사활동을 해오신 사람들도 그만두는 경우가 많다. 대표적인 사례로 우리집에서는 일반학교의 교사들이 일주일에 한 번 자원봉사로 학습멘토링을 진행해 왔는데, 작년부터 탈북청소년 학습멘토링 사업이 지역 교육청의 공식 사업이 되었다. 이로 인해 탈북청소년이 재학 중인 일반학교의 교사들이 교육청의 지원으로 1회 3만 원 가량의 활동지원금을 받으며 참가하게 되자, 기존의 자원봉사 교사들이 점차 그만두는 것이다. 탈북청소년을 개별 지도하는 일이 의미 있고 가치 있는 일이라 여겨서 무료 봉사를 해왔는데, 어느 순간 돈으로 보상받는 체계가 만들어지자 더 이상 하고 싶은 생각이 사라지게 된 심리적 원인이 크다.

이처럼 탈북청소년을 지원하는 예산이 증가하고 제도적인 지원 체계가 만들어지면서 순수한 민간의 자발적 실천 활동은 상대적으로 그 의미가 퇴색되어가는 예상치 못한 부작용이 나타나고 있다. 탈북청소년의 안정적인 남한 사회 적응이라는 정책 목표를 정부의 공식 지원 활동으로 모두 감당한다는 것은 현실적으로 불가능할 뿐만 아니라 바람직한 방향이 될 수 없다. 예산 투여가 있어야 진행되는 정부의 공식 영역으로 인해, 예산이 없어도 자발적 자원봉사가 이뤄지는 민간의 비공식 영역이 훼손되지 않는 세련된 정책 집행이 요구된다.

탈북청소년 존재 의미에 대한 다양한 해석이 필요

남한 사회는 탈북청소년이 지닌 '존재의 의미'를 다양하게 해석해 내지 못하고, 이들을 '부적응 문제 집단' 정도로 취급하고 있다. 또 이들이 일방적으로 남한 사회에 적응할 것을 당연하게 요구하고 있다. 하지만 적응의 문제는 결코 일방적일 수 없다. 남한 사회도 북조선 사회문화의 장점과 탈북청소년들의 가치를 제대로 파악하고 배우고 받아들이는 자세가 필요하다.

탈북청소년들은 커다란 고통을 겪고 살아남았다. 그러나 우리는 그들이 겪은 고통이 깊은 만큼 실존적 무게 또한 크기에, 그 속에서 삶의 본질적 의미를 깨닫고 풍성하게 만드는 많은 가능성을 찾을 수 있다는 사실을 망각했다. 남한 사회는 탈북자들이 처참한 고통 속에서도 지켜낸 인간의 존엄에 주목하지 못하고 무시한 점에 대해 반성하고 이제부터라도 배우고 나누려는 자세를 가져야 한다. 이러한 노력은 남한 사회를 더 성숙하고 높은 통합능력을 지닌 사회로 만드는 값진 계기가 될 수 있을 것이다.

탈북청소년의 부정적인 특성 파악 부족

탈북청소년들의 부정적인 특성을 지칭하는 은어로 '꽃제비 기질'이란 말이 있다. 탈북청소년 중에는 영악스러울 만큼 눈치를 살피고 인간관계에서 무엇보다 이해득실을 따지며, 뭐라도 도움이 된다 싶은 사람에게는 아양을 떨며 굽실거리지만 별 도움이 안 된다 싶으면 기존의 신뢰 관계를 무시하고 매몰차게 돌아서는 경우가 있다. 이러한 특성은 힘겨운 생존 조건에서 어쩔 수 없이 길러진 습관이다. 하지만 남한에 들어온 후에도 한동안 그런 식으로 사람을 대해서, 탈북청소년을 처음 접하는 남한 사람들을 당혹하고 실망하게 만드는 주요한 원인이 된다.

또 다른 부정적인 특성으로 '피해자 증후군'이라는 증상이 있다. 과거 고통스러운 나날을 보낸 자기 스스로를 피해자로 불쌍히 여기면서, 가까운 주변 사람들에게 힘들게 상처 주는 것을 은연 중 즐길 뿐 아니라 주변의 이해와 사랑을 당연히 요구하는 듯한 태도를 가지는 것이다. 마치 "난 억울하고 힘들게 살았으니까, 지금 이래도 돼! 너희들은 이런 날 이해해야해"라는 식의 태도를 보이곤 한다. 잘못을 하고도 그 핑계를 자신의 과거에 돌리거나, 탈북자란 이유로 모면되길 원한다. 이러한 성향으로 인해 주변과 갈등하고 스스로도 힘들어 한다.

이 때문에 탈북청소년들은 항상 '새 출발'을 하려고 한다. 한 곳에서 지속적인 인간관계를 맺지 못하고 늘 새로운 곳에서 새 출발을 통해 삶의 계기를 마련하고자 하는 습성이 있는데, 이 때문에 한 곳에 뿌리내기 힘들어 늘 새로운 곳으로 옮겨 다니며 영원한 난민으로 살게 된다.

탈북청소년에 대한 교육에서 이러한 태도와 행동이 잘못되었음을 인식시키고 고치는 노력이 중요하다. 상처받은 그 마음을 알고 이해는 하지만, 그렇다고 해서 자신의 아픔이 다른 사람을 괴롭힐 수 있는 이유가 될 수 없다는 사실을 분명히 깨우치게 해야 한다. 늘 새롭게 다시 시작하기

보다 주어진 환경에서 최선을 다하고, 합리적인 권위는 인정하고 받아들이는 자세를 갖게 교육하는 것이 가장 중요하다.

그런데 안타깝게도 이러한 교육적 원칙이 잘 지켜지지 않고 있다. 오히려 현행 지원 정책이 이러한 부정적인 특성을 조장하고 강화하는 측면이 있다. 무엇고 탈북청소년들의 '시설 투어' 현상이 그 증거다. 최근 급증한 국영 그룹홈과 신생 민간 대안학교에서는 빨리 인원수를 채워야 지원을 받을 수 있는 현실적인 필요성이 있기에 '묻지마 입소·입학'을 할 수 밖에 없다. 이러한 '경쟁' 구도에서는 교육에 대한 원칙과 다른 단체와의 협력체계를 유지할 수가 없는 것이다.

이러한 상황이 반복되면, 지원 단체의 재정적 부담이 커지고 운영이 힘들어 문을 닫는 곳이 늘어날 수밖에 없다. 더 큰 문제는 이러한 행태를 보이는 탈북청소년에 대한 실망감으로 이들을 교육하고 키우기보다, 관리하고 유지만 하려는 단체가 늘어나게 된다.

생활보호시설의 설립과 운영의 원칙 확립

탈북청소년 그룹홈 운영의 가장 큰 원칙은 '그룹홈은 집이다'라는 사실이다. 그룹 홈에 들어오는 탈북청소년들은 원래 부모 친지가 없는 고아거나, 부모가 있더라도 같이 살 수 없는 안타까운 사정을 가진 아이들이다. 이들에게 '집'이 되고 '가족'이 되어 주는 것이 그룹홈 운영의 가장 큰 목적이다. 왜냐하면 가족을 잃거나, 가족과 살 수 없어 혼자가 된 새터민 청소년들이 가장 필요로 하는 것이 바로 그 집이고 가족이기 때문이다.

이러한 이유로 그룹홈은 결코 문을 닫거나 망할 수 없다. 한 번 가족을 잃어버린 상처를 받은 아이들에게 또다시 버림받는 상처를 줄 수는 없기 때문이다. 집과 가족이란 말의 원래 의미처럼 늘 변함없이 자신들을 사랑하고 보호해준다는 가장 근본적인 신뢰가 지켜진다는 믿음 속에서 아이들은 편히 쉬고 자랄 수 있다.

하지만 그간 일부 단체들은 어찌 보면 너무나도 당연한 이러한 원칙을 제대로 지키지 않았다. 탈북청소년 문제가 시작된 2000년대 초부터 지금까지 10여 개의 그룹홈이 만들어졌다가 문을 닫았다. 각종 민간단체는 물론 복지관, 종교단체에서 마치 유행처럼 탈북청소년 그룹홈을 만들었다가 운영이 힘들고 예상치 못한 사고가 생기자 무책임하게 문을 닫아버린 것이다. 이로 인해 그곳에서 생활하던 아이들 상당수는 갈 곳이 없어 뿔뿔이 흩어지거나, 비슷한 처지의 아이들끼리 모여 살다가 범죄의 유혹에 빠져 소년원에 간 친구들도 적지 않았다.

정부 당국도 책임이 있다. 이 문제에 관심조차 없었고 제대로 된 지원도 없었으니, 사업의 안정성이 떨어지는 민간의 입장에서 탈북청소년을 위한 그룹홈을 운영한다는 것은 여간 벅찬 일이 아닐 수 없기 때문이다.

최근 북한이탈주민지원재단의 지원으로 그룹홈을 공동운영하는 단체들이 늘어나고 있다. 무연고 탈북청소년들에게 그룹홈이야말로 가장 직접적인 사랑을 느끼고 안정감을 느낄 수 있는 공간이 되기에, 이러한 그룹홈이 더욱 많이 생긴다는 것은 무척이나 반가운 일이다. 다만 특정 종교의 교리나 신념을 확인하는 수단으로서 탈북청소년들의 안타까운 처지가 활용되어서는 안 될 것이다. 아이들이 혼자 독립할 수 있을 때까지, 무한한 책임과 애정을 가지고 양육하겠다는 결심과 능력을 갖추고 시작하는 것이 바람직하다. 또한 관련 정부기관은 그러한 민간의 시설과 운영에 대한 기준을 세우고, 지원하고 감독할 수 있는 체계를 마련하는 노력이 필요하다.

'비보호' 대상도 보호해야

당국에서는 '무연고 탈북청소년'이라는 개념을 글자 그대로 부모 친지 등 보호자가 일체 없는 완전한 무연고 청소년으로 한정하고 있다. 이러한 순수 무연고 탈북청소년은 현재 전국적으로 100여 명에 불과하다. 문제는 이들 외에 실질적인 무연고 청소년이 더 많다는 사실이다.

최근 그룹홈이나 기숙학교에 들어오는 이들의 다수는 한부모 가정이나 해체가족, 교육 포기, 학대, 방치 가정의 탈북청소년들이다. 국내에 들어온 탈북민 가정 중에는 탈북 과정에서 가족을 잃은 아픔을 가진 이들이 많다. 또한 힘겨운 남한살이 도중에 이혼, 가정불화, 가출 등의 이유로 가족이 해체되는 경우 또한 적지 않다. 때문에 가족이 있더라도 가족의 보호와 지원 속에서 안정된 가정생활을 영위하는 못하는 경우는 실질적인 무연고 청소년으로 분류하고 지원하는 적극적인 노력이 필요하다.

다음으로 '비보호 대상'도 포함시켜야 한다. 당국에서는 국적법과 중국과의 외교 마찰, 위장 탈북민 증가, 현실적인 부담 가중 등의 이유로 남한 국적은 주지만 지원 내용은 차별화하는 정책을 고수하고 있다. 하지만 미국에서 발의한 탈북고아 입양법에도 제3국 출신 탈북민를 구별하지 않는 입장인데, 당사국인 남한 정부에서 지위를 구분하는 것은 인권보호의 측면에서도 문제가 된다. 따라서 이들도 탈북자의 범주에 포함시키고 똑같은 지원을 하는 것이 바람직하다.

정책 평가지표 개발과 공정한 사업 평가

탈북청소년 문제가 제기되고 관련 정책이 시행된 지 10여년이 넘었지만, 과연 그동안 집행된 사업들이 얼마만큼의 효과가 있었는지에 대한 객관적인 평가는 별로 이뤄지지 않았다. 그럼에도 불구하고 관련 예산의 규모와 증가 속도는 어느 정부 부문보다도 월등하다. 남한의 통일 정책은 오직 탈북민 지원 정책밖에 없다는 비판이 제기될 정도다.

그런데 그 많은 예산이 효율적으로 집행되기보다는 중복되며 낭비되고 있다는 의구심을 떨칠 수 없다. 몇몇 사례를 살펴보겠다. 정부에서 설립 지원하고 있는 하나원 하나둘학교와 한겨레학교의 경우 학교 운영과 교육적 성과에 대한 평가 내용이 공개된 적이 없다. 십여 년이 넘는 기간 동안 수백억의 예산이 투여됐지만 탈북청소년 초기 적응교육 커리큘럼과 적응지도에 대한 매뉴얼조차 만들지 못하고 있다. 또한 교육부와 지역교육청에서 진행하고 있는 일반학교 적응 지원 사업은 실질적인 적응여건 개선이 답보 상태인데, 전국적으로 비슷한 사업이 해마다 반복되며 넘쳐나는 예산을 집행하기 곤란해 하는 모습을 자주 보게 된다. 민간 대안학교에 지원되는 프로젝트 사업의 경우도 거의 모든 대안학교마다 자체 교과서를 별도로 만들어 수업을 진행하는 중복 지원의 문제가 나타나고 있다. 남북하나재단에서 설립한 공동운영 그룹홈의 경우도 전국 분산이라는 명분에 매달려 실질적인 입소 수요가 부족하고 관리가 어려운 지방에 만들어져 '개점휴업' 상태가 되다가 슬그머니 폐쇄하였다. 또한 이러한 시설 대부분이 아동복지법에 근거한 그룹홈 설립 인가를 받지 않은 상태에서 운영되고 있기에, 국가의 세금으로 불법(?) 시설에 재정 지원하며 공동 운영하고 있다는 비난을 피할 수 없다.

이러한 문제가 반복되는 이유는 현실적인 정책지표 개발을 통한 공정하고 객관적인 평가와 그에 따른 예산지원의 차별화 과정을 소홀히 했기 때문이다. 아직도 일선 일반 고등학교 현장에서는 탈북청소년의 대학 입학률을 근거로 학교 적응 사업의 성과를 자랑하는 사례가 나타난다. 특례입학으로 대학에 입학하는 탈북청소년은 대학입학률보다는 졸업률이 관건임은 주지의 사실이다. 또한 취업률의 경우도 정규직 비율과 근속 기간을 통해 사업효과를 평가해야 한다. 일반학교 적응 사업은 탈북청소년 스스로 북조선 출신임을 커밍아웃할 수 있는 여건이 마련되는지를 확인하는 것이 가장 중요하다. 그리고 그룹홈 평가의 핵심은 그룹홈에 입소해 생활하고 있는 무연고 탈북청소년의 건강상태와 장기 거주 여부다.

관련 전문가의 합의로 실질적인 평가지표를 개발하여 객관적인 평가과정을 거치고, 이에 따라 예산집행을 차등화 하는 '선택과 집중' 원칙을 통해 사업의 성과를 축적하고 모범사례를 확산하는 방식으로 사업예산을 집행해야만 예산낭비를 줄일 수 있다. 동시에 정부 부처 간 조정을 통해 동일 사업에 대한 중복 지원을 줄여나가는 노력도 필요하다.

성과주의에 집착한 과잉 복지의 폐해

탈북청소년에 대한 사회적 관심이 높아지고 예산이 늘어나고 정부와 민간의 관련 단체가 늘어남에도 불구하고, 문제 해결은 더욱 멀어지는 이상한 현상이 나타나고 있다. 이는 명백한 정책실패다. 그리고 그 원인으로 성과주의에 집착한 과잉복지의 폐해를 지적할 수밖에 없다.

오랫동안 탈북자 문제는 그 특수성으로 인해 일반 대책이 아닌 특별 대책을 요구하는 분위기가 지배적이었다. 특별한 대상에 대한 특수한 문제이기에 일반적인 방식이 아니라 특별하게 다루자는 것이다. 하지만 이 때문에 정책 집행의 기본 절차인 정책의 검증 과정을 소홀히 한 측면이 적지 않다. 객관적인 정책평가를 통해 차기년도 예산 증액을 검토하기보다, 남북관계의 파행에 따른 여론 환기와 북한 인권 문제에 대한 주도권을 선점하고자 하는 정치적인 요구로 인해 정부 부처는 경쟁적으로 탈북자 관련 예산을 폭증시켰다.

특히 남북하나재단의 경우 검증되지 않은 정책을 남발하여 국가 예산을 낭비하고 있다. 또한 성과주의에 대한 조급증으로 그동안 민간 영역에서 담당하고 있는 고유 사업까지 무리하게 끌여들여 자신들의 사업으로 '재포장'하여 원성을 쌓고 있다. 각자의 영역에서 나름의 철학과 신념으로 관련 사업을 진행해온 민간단체의 입장에서는 이러한 북한이탈주민지원재단의 행태는 기존의 '시장' 질서를 교란하는 '공룡'과 같은 존재로 인식되고 있다.

국가 예산을 지원받는 기관과 민간단체의 경쟁은 필연적으로 민간 영역의 붕괴를 초래한다. 그렇게 되면 개별 민간단체는 사라지거나 정부 지원을 통해서 존립하는 관변단체로 전락하게 된다. 또한 탈북청소년 지원 사업은 국가의 세금으로만 진행되어야 한다. 그런데 견제와 감시가 사라지면 매너리즘과 비효율성이 생길 수밖에 없고, 필연적으로 예산의 낭비를 초래하면서도 정책과제는 해결되지 않는 과잉복지의 전형적인 폐해가 나타나는 것이다. 안타깝게도 이미 탈북청소년 지원 사업 분야에는 이러한 흐름이 심화되고 있다. 과거 10여 년 동안 민간단체를 표방해온 단체들은 해마다 줄어드는 반면 국가기관이 설립한 단체들과 지역의 사회복지관들이 그 영역을 대신해 온 것이 그 증거다.

문제는 늘 그렇듯 시스템이 아니라 사람이다. 탈북청소년의 안정적인 남한 사회 적응 지원이라는 정책 목표는 제도를 통해서만 달성되는 가치가 아니다. 탈북청소년이라는 사람을 상대하는 사업이기에 이들의 상처를 치유하고, 결핍을 채우고, 남한 땅에 뿌리내리게 하는 노력은 '사람'을 통해서 가능하다. 국가의 재원과 제도가 관련 전문가를 키우고, 민과 관의 다양한 지원체계의 영역이 공존하는데 도움이 되는 방향으로 사용되어야 한다. 그러므로 민간 운동 주체의 독립성이 보장되는 방식으로 정책이 집행되기를 바란다.

탈북청소년을 망치는
대입 특례입학제도

봄순이는 열세 살 때 우리집에 와서 초·중·고·대학을 다녔고 스물여섯 살에 분가했다.

봄순이는 동생과 함께 탈북해 몽골을 거쳐 한국에 왔다. 부모님 소식은 모른다. 어린 나이에 졸지에 가장이 되어 동생을 돌봐야 했지만, 봄순이는 어른이 되는 것이 두려웠는지 육식을 하지 못했으며 늘 겁이 많고 눈물이 많은 아이였다.

고등학교 졸업 무렵 대학을 선택해야 하는데, 뜬금없이 간호학과를 가겠다고 했다. 봄순이 성적은 거의 바닥이었지만, 탈북민에게 허용되는 재외국민 특별전형을 통해 어렵지 않게 합격했다. 성적이 낮아 걱정은 했지만, 일반적인 학과를 가는 것보다는 전문적인 과를 선택해 안정된 생활을 하는 것이 더 유리해 보였다.

아이를 키우는 학부모 입장에서 대학 가서 열심히 하면 평생을 편히 살 수 있는데 그 좋은 기회를 마다할 수는 없었다. 계열 석차 십 등 안에 들어야 들어갈 수 있는 학과를 끝에서 오십 등 정도 하는 봄순이가 들어가자, 학교에서는 축하 플랜카드를 걸었다.

그러나 대학 내내 B학점과 C학점을 왔다갔다하며 아슬아슬 탈북민 장학금을 받아온 봄순이는 졸업 무렵 간호사 자격 시험에 떨어졌다. 일종의 통과시험으로 보통 과에서 95%는 합격하는 시험이었지만, 떨어지는 5%에 봄순이가 들었다.

그럴 수 있다고 생각했다. 오히려 남들 다 한다는 족집게 학원 수강도 못 시켜 미안했다. 그래서 학교 앞에 월세방을 마련하고 재수를 시켰다. 그렇지만 또 떨어졌다.

포기하고 취업을 시키자니 간호학과 4학년을 졸업하고 간호사가 못되는 게 너무 안타까웠다. 해서 주변에 모르게 삼수를 시켰다. 또 떨어졌다. 더 이상은 무리였다.

분가한 봄순이는 이제 나를 피한다. 부끄럽고 미안해서 그런 줄 알아 나도 일부러 찾지 않는다. 13년을 딸처럼 키웠는데 서먹서먹해졌다. 차라리 대학을 안 보냈더라면 하는 후회가 남는다.

탈북청소년 대입 특례입학제도의 문제점

북조선에서 고등중학교를 졸업했거나, 남한에서 고등학교를 졸업하거나 검정고시를 통해 고졸 자격을 인정받은 탈북청소년들은 일반전형이 아닌 '재외국민 특별전형'에 따른 특례입학으로 대학에 들어간다. 재외국민 특별전형에 의한 시험의 당락은 서류전형과 면접이 절대적인 비중을 차지한다. 학력평가를 실시하는 대학도 있지만, 주로 탈북청소년 지원자들 중에서 우열을 가리는 내부경쟁을 위한 판별 수단으로 활용된다. 한국어 시험의 경우도 외국인과 비교해 같은 말을 사용하는 탈북청소년에게는 별다른 문제가 되지 못한다. 따라서 사실상 대학 입시라고 해봐야 별로 준비할 것이 없고 비교적 쉽게, 그것도 소위 말하는 서울의 명문대에 입학하는 이들이 적지 않다.

이러한 탈북청소년 대입 특례입학제도의 가장 큰 문제점은 공정성의 결여다. 우선 입학기준이 모호하다. 학생선발에 대한 명확한 기준이 없고, 있어도 당해 대학 사정에 따라 달라진다. 어떤 해에는 까다로운 기준을 적용해 떨어뜨리고, 다른 해에는 느슨한 기준으로 합격시킨다. 이로 인해 탈북청소년 중에는 결코 일류대 입학을 포기하지 못하고 '특례입학 재수 삼수'를 하면서까지 명문대를 고집하는 어처구니없는 일이 생기기도 한다. 서로의 실력이 어느 정도인지 뻔히 아는데, 누구는 붙고 자기는 떨어지니 결코 수긍을 하지 못하는 것이다.

해마다 특례입학 원서 접수 철이면, 탈북청소년들은 보통 대여섯 개 이상의 대학에 원서를 쓴다. 연세대, 고려대, 서강대는 기본이고 떨어질 경우를 대비해 한양대나 중앙대, 외국어대에도 원서를 접수시킨다. 또 혹시나 하는 불안에 더 낮은 동국대, 숭실대, 단국대 등에도 원서를 넣는 진풍경이 반복된다. 기준의 모호함으로 인해 좋은 대학 가려면 더 공부를 열심히 해야 되는 것이 아니라, '재수가 좋아야 한다'는 어처구니없는 현실 앞에서 귀중한 시간을 낭비하게 되는 것이다.

대학 특례입학제도를 만든 기본 취지가, 성적 외에 한 분야에서 특기가 있는 학생들이 그 특기를 살려 대학에 입학할 수 있게 하기 위해서이다. 즉, 입학생 출신 배경의 다양화로 학생들의 상호자극을 통한 교육의 시너지 효과를 인정하기 때문에 만든 것이다. 그렇다면 탈북청소년들이 지닌 재능을 평가할 수 있는 적절한 기준을 마련해서 객관적으로 선발하고, 그러한 특성을 더욱 발전시킬 수 있도록 지원해야 한다. 그러한 체계적인 준비는 하지 않고 허울뿐인 특례입학제도를 만들어 놓고는 할 일을 다 했다는 듯이 방관함으로써, 결과적으로는 대부분이 명문대 간판이라는 환상에 목을 매게 만들고 있는 것이다.

하지만 정작 진짜 문제는 대학에 진학한 뒤에 발생한다.

특례 '입학'은 있어도 특례 '졸업'은 없다. 대학에 입학한 탈북청소년 중 열에 대여섯 명은 졸업을 못하고 자퇴나 장기휴학이다. 대학 생활에 적응하지 못하고 학업을 따라가지 못하면 휴학을 선택한다. 매학기 평점이 평균 C를 넘지 못하면 다음 학기의 장학금이 끊어지고, 두 학기 연속 평균 이하가 되면 남은 학기 전부의 장학금이 끊어지기 때문에 부득이 휴학을 택하게 된다. (한국어) 글쓰기, 논술, 일반 상식, 영어 등이 부족한 탈북청소년들이 일류 대학의 상대평가 체계에서 버틴다는 것은 너무 힘들기에, 휴학을 해서라도 부족한 영어나 상식을 보충한다.

요행히 대학 졸업을 하더라도 전공과 관련된 취업은 거의 불가능하다. 남한의 대졸자 과반수 이상이 정규직을 못 가지는 무한경쟁의 취업전쟁에서 학점은 물론 기본 스펙에서 경쟁 상대가 되지 않는 탈북청소년이 안정된 직장을 갖는다는 것은 거의 불가능함을 스스로도 알기에 일찌감치 포기한다. 일류 대학 졸업장이 무색하게 단순판매직이나 일용직을 전전한다. 대학원을 택하는 경우도 탈북자 집단의 규모에 비해 적은 편은 아니다.

자신들의 배경을 적극적으로 활용할 수 있는 직업을 택하기도 한다. 최근 들어 방송 출연이나 정치단체에서 일하는 경향이 늘어났는데, 종편의 탈북자 출연 방송에 나가거나 대북인권단체의 활동가로 나서거나 극우집회에 알바비를 받고 동원되기도 한다. 종교단체의 신앙 간증을 하거나 반공투사가 되어 전국의 교회나 보수단체 강연장을 누비기도 한다. 아니면 아예 '탈남'해서 영국 캐나다 등으로 가버리는 청년들도 있다.

탈북청소년에게 특혜로 주어진 대학 특례입학이 결과적으로는 고학력 실업자를 양산하는 족쇄가 되어버린 것이다. 취업에 꼭 필요한 능력은 부족한데 대졸자라는 기대치만 높아지니 취업이 더욱 힘들어졌다. 대학 진학 전에 충분한 고민과 상담을 통하여 전문직이나 기술직 또는 전문대학 등을 택해 자기들 수준에 맞는 선택을 했어야 하는데 그러지 못한 것을 나중에야 후회한다. 남한에 온 탈북청소년 대부분이 경험하는 슬픈 자화상이다.

문제의 근원

'탈북자는 남한의 좋은 대학에 공짜로 다닐 수 있다'는 사실은 북한을 상대로 한 선전으로 탁월한 효과를 발휘했다. 과거 귀순용사 시절부터 현재까지 대학 교육과 같은 고등교육을 공짜로 시켜준다는 '미끼'는 탈북과 귀순의 강력한 동기가 되는 것은 물론 가장 확실한 보상 수단이 되었다. 전세계 어디에도 난민을 대상으로 중등교육 수준의 의무교육이 아닌 최고 수준의 대학 교육을 공짜로 시켜주는 곳은 없기 때문이다. 이는 식량을 구하러 남한에 들어오는 생계형 탈북이 거의 사라진 지금, 더 나은 삶을 쫓는 이민형 탈북의 강력한 동기가 되고 있다. 즉 특례입학제도는 그 생성 목적 자체가 대북선전용 홍보라는 정치적인 목적을 달성하기 위해 만들어진 제도다. 정치적 동기가 강했기 때문에 공정성과 합리성은 결여될 수밖에 없다. '남한에 가면 대학에 다닐 수 있다'는 명제를 유지시키는 목적이 앞서기에 그 과정이나 결과는 별로 중요하게 취급되지 않았다.

하지만 2000년대에 접어들면서 상황이 변했다. 탈북자가 점차 늘면서 예산 부담이 가중되고 특례입학과 관련된 각종 문제가 불거지면서 제도 개선의 필요성이 제기되었다. 입학을 원하는 대상자가 늘면서 자체 경쟁이 가중되었고 제대로 된 학사 관리가 되지 않아 졸업이 어려워졌다. 또 남한의 입시 경쟁이 가중되는 와중에 역차별 논란으로 인한 갈등이 발생되는 등 부작용이 증가하였다.

그럼에도 불구하고 이 제도의 폐지나 개선을 주장하는 목소리는 소수다. 탈북자 집단은 물론 특례입학 관련 종사자 대부분이 이 제도의 문제점을 인식하고 있지만 아무도 공개적으로 개선을 요구하는 사람은 없다. 왜냐하면 이 제도는 이미 아주 강력한 기득권이자 자존심으로 자리잡았기 때문이다. 이 제도의 폐지와 개선을 요구하는 당사자는 적어도 탈북자 집단 전체의 저항과 반발을 각오해야 한다. 이것 때문에 왔는데, 이거 바라고 견뎠는데, 이미 많은 사람들이 받은 혜택인데 왜 지금 줄여야 하냐는 원망을 모두 받게 될 것이다. 2016년 어버이연합의 보수집회 탈북자 알바 동원 사태에서 확인되듯이 탈북자 집단의 배후에 자리잡은 극우 기득권 세력의 개입도 예상되는 문제이다.

또 다른 측면은 이 제도를 통해 경제적 이익을 공유하는 집단이 존재한다는 사실이다. 탈북청소년의 대학 특례입학은 이들이 다니는 대학에 경제적인 이득을 가져다준다. 정원 외로 선발할 수 있고, 국가가 해당 학생의 학비를 일정 부분 책임지기에 대학의 입장에서는 마다할 이유가 없다. 더구나 학생 모집에 어려움을 겪는 지방 대학의 경우 적극적인 유치 대상으로 '묻지마' 입학이 가능하다. 때문에 탈북청소년의 특성에 맞는 교육을 진행하는 체계를 갖추지 않아도 일단 받고 보는 시장이 형성되는 것이다.

탈북청소년을 지원하는 종교단체, 복지단체, 각종 대안학교, 생활보호시설 입장에서는 시설의 유지 목적 사업이며 홍보 수단으로 활용되기도 한다. 탈북청소년을 교육시켜 서울의 명문대 학생으로 만들었다는 기적의 드라마의 주인공이 쉽게 만들 수 있다는 사실은 대단히 매력적으로 작용하기 때문이다. 고등학교 졸업 자격만 있으면 성적과 관계없이 명문대입학이 가능한 구조이기에, 탈북청소년을 보유하는 것 자체가 가장 중요한 목적이 되어버리는 것이다.

때문에 탈북청소년의 수학 능력이나 장래 희망에 대한 고려는 등한시된다. 일단 대학에 합격시키면, 그것이 해당 단체의 능력으로 인정되고, 후원금 사업비 장학금을 선정하는 평가 수단이 된다. 말 그대로 탈북자의 아픔에 빌붙어 살아가는 이익 구조가 자리잡은 안타까운 현실이다.

남한 사회에서 탈북자라는 존재의 의미는 다양하고 복합적이다. 같은 민족으로 같은 말을 쓰고 같은 음식을 먹고 희노애락을 공유하는 동포이기도 하지만 각종 목적을 이루기 위한 수단으로 활용된다. 남북 체제 경쟁의 승리를 상징하는 존재이며 북한 인권 문제의 산 증인이다. 탈북자가 경험한 비극조차 상품으로 포장되어 상대적인 우월감을 충족시키는 도구로 사용된다.

때문에 탈북청소년의 특례 입학으로 발생하는 문제는 단순히 이들의 잘못에서 비롯되기보다, 많은 측면에서 남한 사회의 구조적인 모순과 깊이 연결되어 있다는 사실을 파악하는 것이 중요하다. 이들이 지닌 특성을 이해하지 못하고, 각종 편견과 포장으로 활용하는 남한 사회와 사람들의 문제가 바로 탈북청소년 교육 문제의 본질이다.

바람직한 변화의 방향

이제 탈북민을 특별 취급하여 혜택을 주는 방식의 정책은 과감히 폐지해야 한다. 남한 사회의 보편적 복지 수준에서 똑같이 대해야 한다. 정책의 방향은 이들이 탈북자란 이유로 차별을 받지 않도록 감시하고 통합되는 여건을 조성하는 것에 집중되어야 한다. 이들의 특별한 가치를 발견하고 지원하는 적극적이고 특별한 조치는 필요하지만, 그것은 초기 정착에 한정되어야 하고 공적 자원이 지원되지 않아도 작동하는 민간의 자율성 영역에 남겨져야 한다. 원래 소중한 가치는 희생을 통해 주어지는 명예일 때에만 유지되는 법이다.

문제는 대다수의 탈북청소년들에게 민주시민의 권리이자 의무인 학습권을 보장하는 것이다. 이들이 중등교육의 전 과정을 온전히 마칠 수 있는 기회를 제공하고, 그 과정을 통하여 자신의 생명력을 회복하고 건전한 시민사회의 구성원이 될 수 있는 제도적 장치를 마련하여야 한다.

따라서 탈북청소년을 위한 대안학교는 초기 정착에 필요한 '디딤돌학교' 기능으로 한정되어야 한다. 탈북청소년 대안학교는 6개월에서 1년 사이의 한정된 기간에만 필요한 서비스를 제공하고, 남한의 보편적인 일반학교 과정을 이수할 수 있게 넘겨야 한다. 기초학력이 부족하고, 학년과 학력의 차이가 심하고, 또래 집단의 '왕따'가 염려되어도 그것은 탈북청소년이 남한의 교육 과정에서 직접 부딪치며 해결해야 하는 과제이다. 그 과정이 혼란스럽고 그 속에서 상처받는 경험 자체가 남한 사회 적응의 소중한 과정임을 인정해야만 한다. 학교의 목적은 학업 증진에만 있지 않다. 사회성을 함양하는 것도 중요한 존재 의미이다. 게다가 탈북청소년에게는 사회적 자산인 지연과 학연이 생기는 소중한 절차이다.

개인적 경험으로 보아도 일반학교 과정을 이수하는 탈북청소년은 자신의 능력에 대한 객관적인 인식이 형성되어 대학 진학을 고집하지 않는다. 대학 진학을 하더라도 인문 계열보다 전문대학이나 기술 과정을 선택한다. 남한 사회의 과도한 입시 경쟁이 자연스럽게 스스로의 기대와 욕망에 대한 필터링을 하는 것이다.

다음으로는 재외국민 특별전형과 관련한 탈북청소년 특례입학제도의 대폭적인 수정이 필요하다. 현재와 같이 탈북청소년에 대한 객관적인 학력인정 기준이 불명확하고 입학의 조건이나 자격이 대학마다 제각각인 상황에서는, 이들이 4년제 종합대학만 고집하는 현상이나 명문대에 대한 과도한 기대와 막무가내식의 지원을 막을 수 없다. 따라서 탈북청소년 대학교육에 대한 체계적인 입학 기준을 마련하고 이들에게 실질적인 도움이 될 수 있는 학사관리제도를 만들어야 한다.

그리고 대학 수학능력에 대한 객관적인 검증 절차를 만들어 대학교육 수학능력이 부족한 경우는 과감히 취업교육 등 다른 진로를 선택할 수 있게 유도해야 한다. 이러한 체계를 만들어가는 중간 과정으로 탈북청소년 대학 특례입학은 당분간 전문대학 과정으로 한정시키는 방법도 대안이 될 수 있다.

또한 기존에 재학 중인 탈북 대학생을 위해서는 이들의 특성을 고려한 커리큘럼을 만들고, 이들이 겪은 다양한 부문의 경험들이 학점으로 인정될 수 있는 체계를 만들어 나름대로 대학교육에 적응할 수 있도록 도와주어야 한다. 이러한 노력들은 향후 남북 통일시대를 대비한 '통일 교육과정과 커리큘럼 개발'이라는 장기적인 목적에 맞춰 차분히 진행시켜야 한다.

탈북청소년에 대한 학업 지원 정책에서 빠뜨릴 수 없는 문제는 학업을 유지할 수 있도록 하는 생활지원 문제이다. 상당수의 탈북청소년들이 학업을 포기하는 이유는 학습능력 부족과 문화충격 문제보다도 현실적인 생계 문제 때문이다. 입학비와 수업료 등 교육비만 지원해주는 것으로는 한계가 있다. 현실적으로 아르바이트를 병행하지 않고서는 도저히 학업을 지속할 수 없는 조건에서 이들의 학교부적응 문제를 개인의 탓으로만 돌릴 수는 없기 때문이다. 따라서 지금과 같이 천편일률적인 생계보조금 지급 방식에서 탈피해 학업을 지속하는 경우는 '생계지원장학금'를 별도로 지원하는 체계를 갖출 필요가 있다. 남한에 정착하는 탈북민의 절대다수가 고등교육을 이수하지 못해 경제적 하층민으로 전락해가는 현실은 남북통합과정에서 상당한 걸림돌로 작용할 가능성이 크기 때문에 전략적 차원에서도 적극적인 선별지원정책이 바람직하다고 본다.

근원적인 해결 방법은 대학을 가지 않아도 경제적으로 지속가능하며 행복한 삶을 살 수 있는 진정한 대안 교육 과정을 만드는 것이다. 주류적

삶과 다르게 지속가능한 방식으로 살아가는 것이 대안이다. 일부에서 진행되고 있는 자본주의적 경쟁 방식을 넘어서는 지역경제와 마을공동체를 만드는 과정에 주목해야 할 필요성이 있다. 탈북청소년 문제의 대안도 결국은 남한 사회, 인류사회의 대안과 다르지 않기 때문이다. 장기적인 전망 속에서 당면의 문제를 하나씩 해결해나가려는 성실한 노력이 정부와 민간의 관련 전문가들의 노력 속에서 아름다운 결실을 맺기를 소망한다.

북조선을 존중하는
몇 가지 방법

한반도에 봄이 오고 있다.

연초 북녘 땅에서부터 불기 시작한 봄바람이 동계올림픽을 거쳐 남북 정상회담으로 꽃 피었다. 지난 겨울, 광장의 촛불이 분단 70년 차디찬 한반도를 녹였구나 싶어 기쁘고 자랑스럽다. 이 따스하고 싱그러운 봄이 가을의 평화로, 통일로 결실 맺기를 바라는 마음 간절하다.

소중한 남북 화해의 불씨가 꺼지지 않고 타오르게 하는 방법은 서로를 존중하는 것이다. 김정은 국방위원장도 대북 특사단에게 '우리를 대화 상대로 진지하게 존중해달라'고 밝혔다고 한다. 이제 남북은 서로에 대한 배려와 존중의 방법을 찾아 고민하고 실천할 때다.

북한이 아니라 북조선

우리가 '북한'이라고 부르는 나라의 공식 명칭은 '조선민주주의 인민공화국'이고 자신들의 나라를 '조선'이라 부르기에 '북조선-남조선'이라고 한다. 반면 우리는 '남한-북한'이라고 한다. 우리가 '남조선'이란 용어를 불편해 하는 것처럼, 저들도 '북한'이란 말을 아주 싫어한다.

그럼에도 불구하고 남북이 만나는 모든 자리에서는 서로 상대방에 대한 호칭을 자신들의 편의에 따라 부르며 자존심 싸움과 불필요한 긴장을 야기한다. 공식 회담에서는 불필요한 마찰을 줄이기 위해 주로 '북측-남측', '남쪽-북쪽'이란 중립적 표현을 주로 사용하지만, 이는 단순히 방향성만을 지칭하는 소극적인 개념으로 뭔가 부족하고 어색하다.

좀 더 적극적으로 상대방의 실체를 인정하고 존중한다는 의미에서 남북이 서로 공평하게 '남한-북조선'이라 부르는 것이 어떨까. 물론 현행법인 헌법 3조의 제약이 있지만 어차피 사문화된 규정이다. 남북 UN 동시 가입을 통해 국제사회가 인정한 독립국 '조선'의 이름을 제대로 불러주는 적극적인 노력이 평화의 꽃을 피우는데 도움이 되지 않을까?

경멸의 문화를 존중의 문화로

바로 얼마 전까지도, 그리고 어쩌면 지금도 '북한'은 경멸의 대상이다.

군사적 대립은 말할 것도 없지만, 우리 사회 곳곳에서 '북한'을 조롱하고 멸시하는 말들이 넘쳐난다. 김정은 위원장의 외모는 물론 부인인 리

설주 여사에 대한 성적 모욕과 현송월 단장까지 엮은 염문은 종편 뉴스의
단골 메뉴다. 출처를 알 수 없는 '대북소식통'이 전하는 폭력적이고 자극
적인 뉴스들은 하나같이 '북한은 생지옥이다'라는 사실을 강조해 왔다.

하지만 북조선에도 사람이 산다.

그들도 우리와 똑같이 개인과 가정의 행복한 삶을 꿈꾸는 보통 사람들
이다.

비록 남한에 비해 경제 발전이 늦고 폐쇄된 사회경제 체제로 어려운 점
이 있지만, 나름 많은 장점과 가능성을 지니고 있다. 단지 우리가 그들의
장점에 주목하지 않았을 뿐이다.

통일의 본질은 사람의 통일이다. 남북 주민이 이웃으로 친구로, 가족으
로 같이 사는 것이 통일이다. 사람이 같이 살려면 경멸하는 대상과 함께
살 수 없다. 오랜 역사 속에서 한민족이었고 이제라도 같은 나라 국민으
로 함께 살고 싶은 참 괜찮은 사람들이란 인식이 통일의 가장 큰 밑거름
이다. 북조선 사회의 장점을 찾고 인정하는 긍정적인 통일 문화를 만들어
갈 필요가 있다.

통일의 자격

북조선 인민들의 가슴 속에는 지울 수 없는 한이 맺혀 있다.

1990년대 후반 시작된 '고난의 행군' 시절, 경제난과 수해로 수백만의
사람들이 굶어서 죽었다. 하나의 생명이 굶어서 죽기까지 얼마나 많은 배
고픔과 서러움이 있었겠는가? 북녘 땅에 그러한 비극이 수백만 번 일어

났다. 거리에는 굶어 죽은 시체로 넘쳐났고, 요행히 살아남았더라도 오랜 영양결핍의 후유증은 평생 지속되며 대를 이어 전해지고 있다.

식량난의 일차적인 책임은 북조선 당국자들에게 있다. 분명 그들의 잘못이다.

하지만 우리도 그 책임에서 자유로울 수 없다. 같은 민족, 동포라면서 그들의 아픔을 외면했기 때문이다. 당시 남한에는 쌀이 남아 사회 문제가 되면서도 북한에 식량을 지원하면 군량미로 전용된다는 '대북 퍼주기' 논쟁으로 의약품과 식량 지원에 인색했고, 그나마 이루어지던 소극적인 지원도 MB정부 들어서 시행된 5·24 대북제재 조치로 전면 중단되어 지금까지 계속되고 있다.

이 문제는 향후 남북의 통합 과정에서 가장 큰 걸림돌이 될 것이다. 자신들은 굶어서 죽기까지 했는데, 식량이 넘쳐나는 같은 동포에게 외면당했다는 배신감은 쉽게 잊혀지지 않을 것이기 때문이다. 그 아픔을 묻어둔 체 통일을 말하고 꿈꾼다는 것은 정말 염치없는 짓이다. 진심을 다해 사과하고 부끄러워해야 한다. 그나마 정부 정책과 달리 민간 차원에서 작게나마 이루어진 실천들을 알리고 양해를 구해야 한다. 다 그런 것은 아니라고, 남북 대치 국면과 미국의 봉쇄 조치 속에서 우리도 어쩔 수 없었다고 항변해야 한다. 그래야 닫히고 굳어진 마음이 녹기 시작한다. 마음이 열려야 같이 살고 싶어진다.

이제라도 우리가 할 수 있는 일을 찾아서 조속히 시행해야 한다. 현재 남한에 남아도는 쌀을 농협 창고에 저장, 관리하는 데만 한 해 5천억 원 정도 쓴다고 한다. 쌀이 남아 가축 사료로도 만드는데, 그러지 말고 북조선에 식량을 지원해야 한다. 또한 농촌진흥청에 의하면 음식쓰레기 처리

비용은 한 해 8천억 원, 그로 인한 경제적 손실은 한 해 20조 원에 달한다고 한다. 환경보호 차원이 아니라 북조선의 아픔에 공감하는 차원에서 음식쓰레기를 줄이자는 시민운동이 필요하다. 남북관계의 현실적인 이유로 식량을 공짜로 주기 곤란하다면, 중국처럼 그 돈으로 북조선의 지하자원에 대한 조사권, 채굴권이라도 사 두면 된다. 우선 굶주리는 북조선 주민들을 살리고 돕고 나서 통일을 꿈꾸고 논의해야 한다. 통일을 말할 자격을 갖추는 노력이 필요한 것이다.

우리 통일할래요?

한반도 통일에 대한 기대가 무르익으면서 벌써부터 '북한'을 돈벌이 수단으로 여기는 장밋빛 환상이 넘쳐나고 있다. 풍부한 지하자원과 저임금 노동력, 교통 인프라를 통한 중계무역, 수많은 명승지를 활용한 관광 사업, 부동산 투자, 확대된 내수시장을 통해 경제적 이득을 탐하는 욕망을 드러내는 데 주저함이 없다.

이러한 기대의 바탕에는 통일이 되면 북조선 경제는 당연히 남한 중심의 자본주의 체제로 흡수되리라는 전제가 있다. 통일 수도는 서울이고, 표준말도 서울말이고, 대통령도 남한 출신이 될거란 사실에 일말의 의심도 없다.

과연 북조선 인민들은 그러한 통일을 '통일'이라 여기고 받아들일까?

아니다. 그들의 입장에서 그건 통일이 아니라 '병합'일 뿐이다. 일제가 조선을 찬탈해 식민지로 삼은 것과 무엇이 다르다고 느낄까. 절대로 받아들이지 않을 테고, 설사 강제로 그리 되더라도 발생할 저항과 사회 혼란으로 인한 대재난이 발생할 것이다.

우리보다 먼저 통일을 경험한 독일 사례를 보면 서독은 참 많은 것을 양보했다. 서독은 통일 후 본에서 동독의 베를린으로 수도를 옮겼고, 국민투표로 연대세를 합의하여 세금을 더 냈으며, 자신들의 지도자인 총리, 대통령, 국회의장을 모두 동독 출신으로 뽑았다. 동서독 통일로 서독이 동독에 먹혔다는 얘기가 있을 정도였다. 그럼에도 불구하고 통일 후 발생한 갈등과 혼란의 상처는 깊었고, 최근이 되어서야 비교적 잘 극복해 유럽연합의 중심이 되고 있다.

남북이 같이 살기를 원한다면 사회경제적으로 우월한 지위를 지닌 남한이 많은 것을 양보하고 감당해야 한다. 같이 살아가는 것이 더 좋고 서로에게 도움이 된다는 것을 이해시키고 설득해야 한다. 그러기 위해서는 말부터 조심해야 한다.

함부로 '비핵 개방 3000'이나 '통일은 대박이다'라는 천박한 말로 상대를 자극하고 멸시해온 '이명박근혜' 시대의 어리석음을 반복하지 말아야 한다.

조심스럽고 은근히 부드럽고 자상하게 권해야 한다.

'우리 통일할래요?'라고

탈북민과 함께 통일을 연습하기

탈북민의 존재 의미에 대한 새로운 해석이 필요하다.

이제까지 탈북민을 대하는 남한 사회의 일반적인 시각은 이들이 북한의 식량난을 피해 남한 사회에 '귀순'해 온 '불쌍한' 사람들이라는 부분에 집중되었다.

이러한 인식을 바탕으로 탈북민은 북조선의 열악한 인권 실태를 고발하고 남북 체제 경쟁의 승리를 보증하는 살아있는 증거로 남한 내에서는 물론 미국과 서방세계 곳곳에서 활용되었다. 반면 북조선의 입장에서는 자신들의 가장 부끄러운 부분을 지적하는 껄끄러운 존재이니 '혁명의 배신자'로 여긴다.

남북 사회문화 통합의 과정에서 탈북민에 대한 이러한 기존의 인식은 남북 모두에게 도움이 되지 않는다. 이들은 자유를 찾아 남한에 온 체제 저항의 투사도 아니고 조국을 버린 배신자도 아니다. 단지 식량난을 피해 고향을 떠나 더 나은 삶을 바라며 남한 사회에 정착한 난민이자 이주민일 뿐이다. 이들을 통해 정치적인 목적을 달성하고자 하는 모든 시도는 중지되어야 하며, 가장 일반적이고 보편적인 적응 방식의 틀을 찾아야 한다. 왜냐하면 탈북민의 남한 사회 정착 과정은 미리 주어진 '통일 상황'으로 볼 수 있기에 통일을 대비한 여러 가지 실험과 체계적인 준비를 할 수 있는 좋은 기회이기 때문이다.

지금까지 탈북민에 대한 정부 정책은 특별 지원 제도 중심이다. 정착금과 임대주택 지원, 무상교육, 대입 특례입학, 취업지원, 의료보호 등 각종 '특혜'를 통해 조기에 정착시키는 것이 목적이다. 하지만 지난 20년 동안의 이러한 시도는 대부분 실패로 드러났다. 탈북민 사회의 높은 실업률과 낮은 소득, 대학 중도 탈락과 취업률 저하, 사회적 편견 강화 등 대부분의 지표는 정책 실패를 나타내고 있다. 게다가 탈북민 알바 동원 여론 조작

사태와 태극기 집회 동원, 탈남월북 탈북자 증가 등으로 부정적인 인식은 더욱 확산되고 있다.

탈북민 정착 지원의 방향은 다문화, 일반 이주민과 같은 수준의 일반 지원 제도로 변경되어야 한다. 특혜를 주는 것이 아니라 차별을 받지 않도록 감시하는 것으로 충분하다. 사실 어느 집단을 특별히 잘해준다는 것은 현실에서 불가능하며 자기기만인 경우가 많다. 특혜라는 방식 자체가 일방적 권력 관계에서만 가능한 불안정한 방식이다. 특혜를 제공하는 자의 우월한 지위와 그것을 통해야만 생존하는 자의 열등한 지위를 전제하고 있기 때문이다. 따라서 남한 사회에서 생활하는 탈북민에 대한 특별지원은 초기 정착 시기에 최소한으로 그쳐야 한다. 그리고 빨리 탈북민이라는 꼬리표를 떼고 남한 사회의 보편적인 복지제도의 수준에서 자신의 삶을 가꾸고 살아내야 한다. 일반적인 복지제도 속에서도 안정적으로 정착하는 탈북민이 많을 때, 오히려 북조선 인민들은 안심하게 될 것이다. 그것이야말로 남한 사회가 이주민에 대해 배타적이지 않은 기회의 땅이라는 가장 확실한 증거이기 때문이다.

* 본서에서 자주 사용하는 북조선말 표현과 의미(가나다순)

감다: 갈 겁니다

그냥 썩어짐다: 바로 죽는다

꽝포: 거짓말

두 길 보기: 이중적 태도

맥이: 기운이

머저리: 바보

몸이 난다: 살이 쪘다

문기척: 노크(Knock)

뭐기쇼: 뭡니까

바쁘다: 힘들다

분단선: 휴전선

썩어지게: 심하게

시름이 난다: 심심하다

신경이: 짜증이, 화가

아바이: 남편, 어르신

영양가가 별로 없다: 별 도움이 안 된다

이밥: 쌀밥

일 없다: 괜찮다

지내: 매우, 많이

호비: 북조선 최고의 인기 애니메이션 「소년장수」에서 등장하는 대

표 악역

호상간: 상호간

이 도서의 국립중앙도서관 출판예정도서목록(CIP)은 서지정보유통지원시스템 홈페이지(http://seoji.nl.go.kr)와 국가자료공동목록시스템(http://www.nl.go.kr/kolisnet)에서 이용하실 수 있습니다. (CIP제어번호 : CIP2018023028)

우리가 만난 통일, 북조선 아이

초판 1쇄 발행 │ 2018년 8월 15일

지은이 │ 마석훈
펴낸이 │ 유정훈
책임편집 │ 유정훈
사진 │ 탈북아동생활공동체 우리집
디자인 │ 김이박
인쇄·제본 │ 두성P&L

펴낸곳 │ 필요한책
전자우편 │ feelbook0@gmail.com
트위터 │ twitter.com/feelbook0
페이스북 │ facebook.com/feelbook0
블로그 │ blog.naver.com/feelbook0
팩스 │ 0303-3445-7545

ISBN │ 979-11-958719-5-7 03300

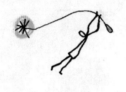